마음도 리셋이 되나요?

기분은 엉망
인생은 망함

대책 없는
십대를 위한
고민상담소

김윤아 지음

다른

마음이
고장 났다고요?

저는 섭식장애 전문 심리상담사입니다. 스트레스를 폭식으로 풀거나 무리한 다이어트를 하다가 몸과 마음이 망가진 청소년들을 주로 만나고 있어요. 섭식장애라고 하면 '내 얘기인가?' 싶은 친구도 있겠지만, '다이어트는 내 고민이 아닌데'라고 생각하는 친구도 있을 거예요. 하지만 음식에 대한 고민으로 상담실을 찾았더라도 그 뒤에는 십대라면 누구나 할 법한 고민이 깔려 있을 때가 많답니다. 학업 스트레스, 친구 관계에 대한 어려움, 부모님과의 갈등, 자해 문제 등이 있죠.

청소년 상담을 처음 시작할 때는 막막함이 앞섰어요. 혹시 내가 하는 말이 아이들에게 잔소리로 들리거나, 요새 십대 친구들이 쓰는 말을 따라가지 못할까 봐 걱정되었거든요. 막상 만나서 이야기를 나누다 보니 괜한 우려였다는 걸 알게 되었죠. 당연하지만 큰 깨달음을 얻었거든요. 그들이 지금 겪는 마음들 역시 내가 이미 경험한 것이었어요. 상담을 하면서 저의 십대 시절이 많이 떠올랐습니다. 하루에도 수십 번씩 기분이 바뀌고, 나도 내가 왜 이러는지 이해하지 못할 행동을 할 때가 많았죠. 한마디로 카오스(chaos)! 혼란 그 자체였달까요.

다시 그때로 돌아가서 똑같은 혼란을 겪는다면 어떨까요? 혼자 끙끙 앓지 않고 도움을 청하고 싶어요. 주변 어른들에게 무엇을 바랄지 생각해 봤습니다. 먼저, 내가 하는 이야기를 귀 기울여 들어 주면 좋겠어요. "너는 애가 왜 그러는지 모르겠다"라며 비난하거나 "사춘기라서 그래"라며 나이 탓으로 돌리고 넘어가지 않길 바랍니다. 그러기에는 십대로 살아가는 것이 녹록지 않으니까요.

그다음으로, 나도 모르는 내 마음을 구체적으로 설명해 주면 좋겠습니다. 청소년 상담을 하면서 '이생망'이라는 말을 정말 많이 듣는데요, '이번 생은 망했다'는 뜻이지요. 십대는 어린데 왜 '망했다'는 말을 자주 하는 걸까요? 친구 관계는 뜻대로 안 되고, 부모님과는 매일 똑같은 문제로 싸우다 보면 내 마음마저 엉망진창 뒤죽박죽이 되죠. 그러니 상황이 나아지길 기다리기보다 다시 태어나는 게 빠를 것 같기 때문이에요. 게임처럼 다시 시작하는 리셋(reset) 버튼이라도 있으면 확 눌러 버리고 싶은 심정일 겁니다. '내 이야기 같다'고요? 그런 여러분을 위해 《마음도 리셋이 되나요?》를 썼답니다.

이 책에 실은 고민은 실제로 제가 상담실에서 청소년 친구들과 나누었던 이야기를 바탕으로 해요. 거기에 상상을 조금 덧붙였지요. 고민마다 내용은 제각각입니다. 하지만 여러분을 비롯해 여러분이 누구보다 이해받기를 바라는 주변의 어른들에게 하고 싶은 이야기는 이렇게 요약할 수 있어요.

"눈에 보이는 것이 다가 아니에요. 진짜 이해하고 싶다면 궁금해하고 물어봐 주세요."

아무리 내 마음을 궁금해해 봐도 잘 모르겠다면 답도 알려 줘야겠지요? 책 속 십대의 고민 이야기마다 처방이 될 수 있는 흥미로운 실험이나 연구 결과를 함께 소개했답니다. 어디서부터 고장 났는지 모를 마음의 해답을 찾을 수 있게끔 말이죠.

다시 태어나거나 마음을 리셋하지 않아도 괜찮아요. 이 책은 앞으로 어떤 마음가짐으로 살아가야 할지에 대한 길을 보여 주고자 합니다. 여러분 스스로 내 마음이 왜 이렇게 어지럽고 복잡한지 이해할 수 있기를 바라니까요. 자, 그럼 우리의 진짜 마음을 들여다보러 가볼까요?

마음이
고장 났다고요?

차례

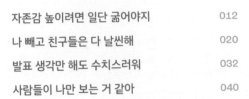

1장 내가 나인 게 싫어서

2장 친구가 전부는 아니지만

3장 가족이 뭐라고

4장 이번 생은 망했으니까

1장

내가
나인 게
싫어서

자존감
높이려면
일단
굶어야지

윤아쌤

지유야, 집에서 밥을 거의 안 먹는다고 들었어.

지유

네, 다이어트 중이라 샐러드 위주로 먹어요.

윤아쌤

그럼 학교에서도 급식 안 먹어?

지유

밥은 빼고 나물 같은 채소 반찬만 먹어요.

윤아쌤

몸은 괜찮아? 힘이 없어 보여서 걱정되네.

지유

사실 며칠 쫄쫄 굶다가 쓰러진 적이 있어요. 지금은 아주 굶진 않는데, 살은 더 빼고 싶어요.

윤아쌤

많이 지칠 텐데 이렇게까지 다이어트를 하는 데는 그만한 이유가 있을 거라고 생각해. 지유는 왜 다이어트가 하고 싶어?

지유

살 빠지면 자신감도 생기고, 저를 사랑할 수 있을 거 같아요. 지금은 제 몸이 너무 싫거든요. 살을 못 빼니까 자존감이 점점 낮아지는 거 같아요.

윤아쌤

원하는 몸무게가 되면 자존감도 올라갈 거 같아?

지유

네! 당연하죠. 살 빼면 입고 싶은 옷도 다 입고, 인스타에 제 사진도 막 올릴 수 있으니까요. 지금은 사진 찍히는 게 너무 싫거든요. 이게 다 살 때문에 자존감이 낮아서잖아요.

살을 빼면 정말 자존감이 높아질까?

우리 일상에는 다이어트에 관한 자극이 넘쳐 납니다. 유튜브 영상을 보다가도 다이어트 제품 광고가 나오고, 친구들과 대화를 할 때도 살에 대한 이야기는 빠지질 않으니까요. 이러한 환경에서 많은 십대가 다이어트를 결심합니다. 내가 주눅 들고 당당하지 못한 이유가 살 때문이라고 느끼기 때문이지요. 그런데 지유 말처럼 정말 원하는 몸무게까지 살을 빼면 자존감이 높아질까요?

미국 미이애미대학교 연구팀은 다이어트를 생각하는 것이 자존감에 어떤 영향을 미치는지 알아보았습니다. 실험 대상은 현재 체중 감량이나 유지를 위해 다이어트를 하고 있는 다이어터들이었어요. 이들을 두 집단으로 나누어 서로 다른 질문을 했습니다. 한쪽에게는 최근에 한 다이어트에 관해 자세히 말해 달라고 했어요. 답을 하는 데는 3분 이상 걸리게 했습니다. 충분히 고민하는 과정에서 다이어트를 하는 동안 일상에서 하는 행동까지 떠올리도록 한 것이지요. 예컨대, 카페에 갔을 때 딸기 프라푸치노가 마시고

싶지만 어쩔 수 없이 아메리카노를 고르는 행동 같은 것들요. 그리고 다른 한쪽에게는 다이어트와는 전혀 상관없는 질문을 했습니다. 자주 가는 가게에 갈 때 주로 어떤 길로 가는지 설명해 달라고 했어요.

질문이 무엇을 의도했는지 눈치챘나요? 한쪽은 '다이어트'를, 다른 한쪽은 '자주 가는 길'을 생각하도록 유도한 것이지요. 이후 참가자 모두에게 자신의 몸에 대해 얼마나 고민하며, 체중에 대해서는 어떤 감정을 느끼는지 물었습니다. 실험에 따르면 다이어트에 관해 질문받은 참가자는 실험 전보다 몸에 대한 고민이 커졌답니다. 다이어트를 하면 자존감이 높아질 거라는 일반적인 생각을 뒤집는 결과였죠. 다이어트를 생각하는 것만으로 나의 몸을 부정적으로 생각하

자존감 높이려면
일단 굶어야지

게 되고, 이러한 고민은 자존감을 낮추는 것으로 이어진다는 걸 알 수 있었으니까요.

다이어트 생각은 이제 그만!

다이어트를 해야겠다고 마음먹은 적이 있나요? 결심이 서면 어떻게 살을 뺄지 방법을 고민하게 되죠. 그러다 보면 다이어트를 생각하는 시간도 자연스럽게 늘어납니다. 친구들과 다이어트에 관한 정보를 공유하고, SNS에서 바디프로필이나 다이어트 식단을 찾아보는 데 많은 시간을 들이게 되지요. 하지만 이런 경험들은 내 몸을 부정적으로 바라보게 한답니다.

> SNS에는 예쁘고 날씬한 애들뿐인데
> 난 왜 이렇게 뚱뚱하지?

어느 순간 머릿속에서 내 몸을 비난하는 목소리가 들리기 시작합니다. 이처럼 몸에 대한 집착은 원래 있던 자존감

내가 나인 게
싫어서

마저 낮춥니다. 자존감이 떨어지면 또 다이어트를 해야겠다는 생각이 들죠. 살만 빼면 자존감이 높아지고 더 멋진 사람이 될 것 같은 기분이 드니까요. 자존감을 높이려고 다이어트를 결심했는데, 다이어트를 해야겠다는 생각이 자존감을 낮춘다니! 어쩐지 우리는 벗어날 수 없는 무한루프에 빠진 것 같지 않나요?

살을 빼도 자존감은 안 높아진다고?

다이어트에 성공하면 삶의 만족도가 올라간다는 연구 결과가 있긴 합니다. 고도비만, 당뇨, 고혈압 같은 질환이 있을 때 체중 감량을 한 경우에 한해서만요. 다이어트는 성별에 따라 다른 영향을 미치기도 해요. 앞서 실험에서 여성 참가자와 남성 참가자의 결과는 완전히 달랐답니다. 남성은 여성과 달리 다이어트를 생각할수록 자신을 좋게 평가했거든요. 그리고 이러한 긍정적인 생각은 몸에 대한 걱정을 낮추는 것으로 이어졌죠.

여성과 남성의 결과가 왜 다를까요? 남성은 보통 외모보다는 건강 때문에 다이어트를 결심합니다. 그래서 살을

자존감 높이려면
일단 굶어야지

뺀 경험을 떠올리는 것만으로 오히려 자존감이 높아지는 것이지요.

반면 여성은 남성과는 상황이 다릅니다. 여학생이라면 이런 경험 한 번쯤은 있을 거예요. 명절에 친척 집에 갔는데, 어른들이 여자인 나를 보고는 "살쪄서 어떡하냐." "여자는 평생 관리해야 돼"라며 몸에 대해 간섭하는 겁니다. 그런데 남자인 형제나 사촌은 살이 쪘어도 별말을 듣지 않죠. 오히려 "키 크려면 지금은 살쪄도 괜찮아"라고 할 뿐입니다. 이렇듯 사회가 추구하는 미의 기준이 남성보다 여성에게 훨씬 가혹하죠. 그러니 여성은 다이어트를 떠올리는 것만으로 자기에 대한 평가나 만족도가 낮아지기 쉬운 겁니다.

'더 예쁘고 날씬해지기 위해' 하는 다이어트는 성공하더라도 만족감을 느낄 틈이 없어요. 원하던 몸무게가 되어도 또다시 살이 찔까 불안해지기 때문입니다. 전보다 더 엄격한 잣대로 스스로를 괴롭히게 되죠. 다이어트를 생각하면 할수록 자존감은 낮아지니까요. 겉보기에 살이 빠졌다고 해도, 주변에서 아무리 날씬하다고 말해도 소용없습니다. 자존감이 낮은 상태에서 다이어트를 계속하는 것은 밑 빠진 독에 물을 붓는 꼴이에요.

내가 나인 게
싫어서

살을 빼면 당연히 자존감이 높아질 줄 알았는데 완전 반대였네요. 생각해 보니 전에는 활발하다는 소리도 자주 들었는데 다이어트를 하면서 소심해졌어요.

사람 만나는 게 싫어져서 친구들이랑 약속도 안 잡게 되고, 맨날 혼자 있다 보니 더 우울해졌어요. 사춘기 때문인 줄 알았는데 이제 보니 몸에 집착하면서 성격이 바뀐 거 같아요.

윤아쌤

선생님이 다 속상하다. 지유는 다이어트하기 전에도 체중을 신경 썼어?

지유

아뇨. 그때는 몸무게가 더 나갔는데도 별로 신경 안 썼어요. 그런데 지금은 하루에 거울을 몇 번이나 보는지 모르겠어요. 다이어트가 제 인생을 갉아먹는 거 같다는 생각이 들어요. 어떻게 하면 예전의 저로 돌아갈 수 있을까요?

윤아쌤

다이어트가 떠오를 만한 것들을 먼저 주변에서 치워 보면 어떨까? 체중계부터 버리는 거야. SNS에서 다이어트를 생각하게 할 만한 사람은 언팔(unfollow)하고, 저장한 다이어트 자극사진도 지우는 거지.

무엇보다 식단 걱정은 내려놓고 친구들이랑 어울려 놀면 좋겠어. 다이어트가 아닌 다른 즐거움을 찾아보는 거야.

나 빼고
친구들은
다 날씬해

쌤…. 저 완전 망했어요.

윤아쌤

왜 이렇게 힘이 없어. 무슨 일 있어?

거울 봤는데 오늘따라 너무 뚱뚱해 보여요.
갑자기 5킬로그램은 찐 거 같아요.

윤아쌤

하루아침에 그렇게 살이 찔 리는 없을 텐데.
아침에 무슨 일 있었어?

딱히 없는데…. 토요일이라 늦잠 자고
일어나서 인스타 좀 봤어요. 우리 반
애들은 뭐 하나 궁금해서요.

근데요, 쌤. 우리 반에는 왜 예쁘고
날씬한 애들이 더 많은 거 같죠?

윤아쌤

인스타그램에서 뭘 봤는지 더
자세히 얘기해 줄래?

서영이가 오늘따라 살이 찐 것처럼
느끼는 이유가 거기에 있을 거 같은데.

SNS를 하면
왜 우울해질까?

여러분은 소셜미디어에 얼마나 자주 들어가나요? 십대를 비롯한 현대인에게 소셜미디어는 빼놓을 수 없는 일상이 되었죠. 그중에서도 인스타그램 같은 사진을 기반으로 하는 SNS는 습관적으로 다른 사람의 얼굴이나 몸을 구경하게 합니다. 그러다 보면 사진 속 사람들에게 부러움을 느끼기도 하고, 어쩐지 내 모습이 전보다 마음에 들지 않아지기도 하는데요. 소셜미디어는 실제로 내가 나를 부정적으로 바라보게 하는 데 영향을 줄까요? 이를 살펴본 실험이 있습니다.

캐나다 요크대학교의 제니퍼 S. 밀스 교수가 이끄는 연구팀은 실험 참가자로 평소 인스타그램과 페이스북을 사용하는 여학생들을 모집했어요. 여학생을 대상으로 한 이유는 남성과 여성이 소셜미디어를 하는 목적이 다르기 때문입니다. 대체로 여성은 다른 사람과 나를 비교해 보기 위해 소셜미디어를 사용하고, 남성은 친구를 찾기 위해 이용하는 경우가 더 많거든요.

내가 나인 게
싫어서

연구팀은 학생들을 두 집단으로 나누었어요. 한 집단에게는 자기보다 매력적이라고 생각하는 또래 여자 친구, 다른 집단에게는 자기보다 매력적이라고 생각하지 않으며 나이 차가 다섯 살 이상 나는 여자 가족들이 소셜미디어에 올린 사진을 보고 댓글을 남겨 달라고 했습니다. 그런 다음 실험 전후로 각각 자신의 외모에 얼마나 불만을 느끼는지 물었죠.

실험 결과는 어땠을까요? 자기보다 매력적이라고 생각하는 또래 여자 친구의 소셜미디어를 본 여학생들은 사진을 보기 전보다 자기 몸이 더 마음에 들지 않아졌다고 답했습니다. 이에 반해 자신과 나이 차가 많이 나는 여자 가족의 사진을 본 여학생들은 실험의 영향을 거의 받지 않았어요.

SNS 좀 봤을 뿐인데 내가 못나 보인다니….

인스타그램에 자주 들어가는 십대일수록 자신의 신체에 불만을 느낀다는 국내 연구도 있답니다. 앞선 실험과 비슷한 상황을 일상에서 어렵지 않게 떠올릴 수 있을 거예요. 친구들 사이에서 나보다 인기가 많은 친구가 SNS에 올

나 빼고 친구들은
다 날씬해

린 셀카에 '왜케 예쁨?'이라고 댓글을 달았다면, 그 후 기분이 어떻게 변할까요? 거울을 보면 괜히 얼굴이 부은 거 같고, 원래 있던 여드름이 유독 거슬리고, 갑자기 몇 킬로그램이 찐 것처럼 뚱뚱해진 기분이 들 수 있습니다. 여러분이 그런 기분을 느낀다면, 그건 소셜미디어가 알게 모르게 부추긴 것일 수 있다는 거죠.

비교하는 마음은 자연스러워

그렇다면 우리는 왜 남과 나를 비교할까요? 미국의 사회심리학자 레온 페스팅거가 주장한 사회비교 이론에 따르면, 사람은 누구나 자신의 생각이나 능력을 평가하려는 욕구가 있다고 합니다. 평가의 기준은 키나 수학 점수처럼 객관적인 것도 있지만, 세상에는 기준이 모호한 것이 더 많지요. 가령, 성격은 주관적으로 평가할 수밖에 없어요. 또 몸무게처럼 측정할 수 있더라도 남과 비교해야만 판단할 수 있는 기준도 있답니다. 내 몸무게가 친구들이 보기에 날씬한 정

나 빼고 친구들은
다 날씬해

도인지는 또래 친구들과 비교해야만 알 수 있잖아요.

이처럼 우리는 나와 비슷해 보이는 남을 비교 대상으로 봅니다. 그 이유는 사람은 누구나 소속감을 느끼고 싶어 하기 때문이에요. 소속감은 어떻게 느낄 수 있을까요? 같은 버스를 타거나 같은 학원에 다닌다고 소속감을 느끼진 않죠. 가족, 반 친구, 동아리 친구 등 내가 한 집단의 일원으로 받아들여졌을 때 비로소 소속감을 느낀답니다.

이러한 소속감을 느끼기 위해서는 내가 속하고자 하는 집단의 구성원들과 비슷해져야 해요. 그러기 위해 그들과 나를 비교해 공통점과 차이점을 확인하고, 공통점은 키우고 차이점은 줄이기 위해 노력하는 것이지요.

친구들이 더 좋은 이유요?
우리끼리는 통하는 게 많잖아요.

십대는 '우리'라는 느낌을 가족보다 또래 친구에게서 받고자 해요. 제가 중학교를 다닐 즘음에는 일자 앞머리와 샤기컷이 유행했어요. 지금 그때 찍은 사진을 보면 촌스럽기 그지없지만, 당시에는 다른 머리 스타일이 오히려 튀어

내가 나인 게
싫어서

보였답니다. 미용실에 가면 너나 할 거 없이 "샤기컷이요!" 라고 외쳤으니까요. 또 한 예로, 10년 전 즈음에는 수십만 원씩 하는 고가의 노스페이스 패딩이 학생들 사이에서 '제2의 교복'으로 불릴 정도로 유행했죠. 똑같은 패딩을 입은 학생들이 서 있는 사진이 신기한 현상처럼 인터넷 게시판이나 뉴스에 소개되었어요. 부모님들은 "친구들이 입는다고 너도 꼭 그 비싼 패딩을 입어야 돼?"라며 자녀들과 실랑이를 벌였겠지만, 통하지 않았을 겁니다.

지금 십대인 여러분도 마찬가지일 거예요. 친구들이 하는 것을 나도 하고 싶어지는 마음은 자연스러운 것이랍니다. 청소년기에 가장 큰 두려움은 소속 집단에서 벗어나는 것이니까요.

나를 키우는 비교도 있어

지금 청소년은 어릴 때부터 디지털 기술을 접하며 자랐지요. 그러다 보니 비교 대상도 현실보다는 TV나 스마트폰 같은 화면 속에서 찾곤 합니다. 문제는 소셜미디어에 올라오는 사진이 실제와 똑같지 않다는 거예요. 단점을 없애는

나 빼고 친구들은
다 날씬해

식으로 보정된 경우가 많으니까요. 그 사실을 잘 알고 있다고 해도 계속해서 그런 사진들에 노출되면 사진 속 모습을 실제처럼 받아들이기 쉽습니다. 그 결과, 화면 속 '완벽해 보이는' 누군가와 나를 끝없이 비교하게 되는 늪에 빠지고 말죠.

> 다른 애랑 그만 비교하라고?
> 그거 어떻게 하는 건데!

어떤가요, 생각할수록 비교는 나쁜 점밖에 없어 보이지 않나요? 비교할수록 불행해지는 것 같잖아요. 우리는 때로 자신을 평가할 때 나보다 뛰어난 사람을 비교 대상으로 삼습니다. 이를 '상향 비교'라고 하는데요, 나보다 잘나 보이는 사람을 기준으로 나를 평가하는 것이지요.

예를 들어 볼게요. 여러분이 수영을 배운 지 한 달도 되지 않았다고 합시다. 아직 발차기도 어설픈 수준이에요. 그런데 국가대표 수영선수들과 실력을 비교할 수 있을까요? 맞아요, 당연히 말도 안 되죠. 이런 상향 비교로는 절망감만 느낄 뿐이에요.

내가 나인 게
싫어서

상향 비교가 부정적인 감정을 일으킨다고 꼭 나쁜 것만
은 아닙니다. 어떤 경우에는 동기부여가 되니까요. 발차기
가 익숙해지고 킥판을 잡고 헤엄칠 실력이 되었다면, 옆 레
일에서 맨몸으로 수영하는 사람을 보면서 부러움을 느낍니
다. '나도 열심히 연습해서 얼른 킥판 떼야지!' 하는 의욕이
솟아나지요. 청소년에게는 이러한 비교도 분명 필요하답니
다. 다양한 경험을 하면서 '나'라는 정체성을 찾아가는 시기
니까요!

나 빼고 친구들은
다 날씬해

서영

쌤 얘기를 들으면서 평소 제 모습이 떠올랐어요. 사진 찍으면 잘 나온 사진 건질 때까지 100장은 찍고, 보정도 엄청 한 다음에야 인스타에 딱 1장 올리거든요.

윤아쌤

쌤이 상담하면서 많은 친구를 만나 보니까, 서영이가 부러워하는 아이들도 잘 들여다보면 결국 같은 고민을 하고 있더라고.

자기보다 더 나아 보이는 친구들과 비교하면서 스스로를 미워하고, 친구들한테 자신이 어떻게 보일지 강박적으로 확인하느라 사람들 앞에 나서기를 두려워하기도 해.

서영

다들 비슷한 마음이구나…. 다른 친구들도 저랑 다르지 않다고 하니 괜히 짠해요.

윤아쌤

정말 그래. 완벽해 보이는 사진 뒤에는 상상과는 달리 매우 힘겨운 과정이 숨어 있을 수 있는 거지.

발표
생각만 해도
수치스러워

지현

쌤, 저 어떡해요. 다음 주 과학 시간에 조별 발표가 있는데 어쩌다 보니 제가 발표를 맡게 됐어요.

윤아쌤

표정이 어두운 게 발표 때문이었구나. 많이 걱정돼?

지현

애들이 저만 쳐다볼 거라고 생각하니 벌써부터 미치겠어요. 다들 속으로 제가 뚱뚱하다고 생각할 거 같고…. 이래서 발표만큼은 진짜 하기 싫다고 했거든요.

윤아쌤

왜 다른 친구들이 지현이가 뚱뚱하다고 생각할 거 같아?

지현

초등학교 6학년 때는 지금보다 통통했거든요. 맨날 남자애들이 돼지라고 하고, 다리 두껍다고 놀리고.

그때 스트레스를 엄청 받아서 부모님 졸라서 다이어트 한약도 먹고, 줄넘기 2,000개씩 해서 살 뺀 거예요.

윤아쌤

누구야, 쌤이 다 혼내 줄게! 그동안 너무 힘들었겠다.

지현

네…. 그래서 애들이 저한테 집중한다는 생각만 해도 무섭고 창피해요. 아빠한테 말했더니 친구들은 저한테 별로 관심 없다고 하고. 저도 머리로는 알겠는데 마음은 안 그래요. 너무 수치스러워요.

평가가 두려운 건 뇌 때문이야

사람들이 나를 어떻게 바라볼지 얼마나 신경 쓰나요? 지현이처럼 발표를 하거나 수행평가에서 노래를 불러야 할 때, 또는 버스에서 정차 벨을 눌렀는데 내려야 할 정거장을 지나쳤을 때, 사람이 많은 카페에 혼자 들어가야 할 때 등등. 사람들의 시선이 집중되는 상황에서 얼굴이 빨개진 경험을 떠올려 보세요.

> 다들 나만 보는 거 같아.
> 자꾸 뚝딱거리게 되잖아.

유독 지현이 나이대의 청소년들이 이런 감정을 강하게 느끼는 이유는 무엇일까요? 청소년은 다른 사람의 시선에 매우 민감합니다. 사회적 평가에 예민하게 반응하죠. 이는 높은 자의식과도 관련이 있어요. 자의식이 높다 보니 자신이 늘 누군가의 평가 대상이 된다고 생각하기 때문입니다.

내가 나인 게
싫어서

미국 웨일코넬 의과대학 연구진은 뇌과학의 관점에서 이를 증명해 냈어요.

　실험은 뇌 활동을 측정하는 기능성 자기공명영상(fMRI) 기계에 누워서 진행되었습니다. 연구진은 실험에 들어가기에 앞서 참가자들에게 이렇게 안내했어요. 실험을 하는 동안 기계에 달린 카메라가 여러분의 얼굴을 찍을 것이고, 얼굴이 나오는 화면을 또래의 다른 참가자들이 지켜볼 거라고요. 덧붙여 카메라가 잘 작동하는지 테스트하기 위해 카메라의 전원을 끄고 켜고를 반복한다고 했죠. 이 사실은 참가자도 알 수 있도록 기계에 부착된 스크린에 '꺼짐' '켜지는 중' '켜짐'이라는 글자로 표시한다고 했습니다.

　실제로는 모두 꾸며진 상황이었어요. 카메라는 애초에 없었고, 스크린에 카메라 상태를 표시한 것 역시 가짜로 띄운 것이었죠. 사람들이 자신을 지켜본다고 생각하도록 상황을 만든 것뿐입니다. 실험이 끝나고 참가자들은 카메라 상태마다 행복, 흥분, 긴장, 걱정, 두려움, 창피함 같은 감정을 어느 정도 느꼈는지 답했습니다. 결과는 어떻게 나왔을까요?

　참가자들은 카메라가 '켜짐' 상태일 때, 즉 다른 사람에게 평가받는다고 느낄 때 창피함을 더 많이 느꼈어요. 평가

발표 생각만 해도
수치스러워

를 앞둔 상황인 카메라가 '켜지는 중'일 때도 마찬가지였죠. 또한 두 상황에서 모두 사회적인 감정과 관련 깊은 내측 전전두엽 피질이라는 뇌의 한 부위가 더 많이 활성화되는 것을 알 수 있었어요.

사람들이 내 모습이나 행동에 대해 어떻게 느낄지 불안해하고 전전긍긍하는 등 자의식과 관련된 감정을 가장 많이 느끼는 나이는 대략 17세였습니다. 전전두엽 피질은 아동기 후반부터 청소년기까지 반응 강도가 가파르게 증가하다가 성인기부터는 감소하는 모습을 보였죠. 청소년의 뇌는 다른 나이대의 뇌보다 사회적인 평가에 더 많이 반응한다는 결과였어요.

뇌도 성장하느라 그래

신기하지 않나요? 뇌의 반응에 따라 창피함이라는 감정을 느낀 것이라니! 좀 더 자세히 알아보기 위해 지금부터 살짝 어려운 이야기를 해 볼게요. '전두엽'이라고 들어 봤을 거예요. 전두엽은 이마에 위치해 있다고 해서 '이마엽'이라고도 부르죠. 사회성, 사고방식, 운동신경이 바로 이 전두엽을 통

내가 나인 게
싫어서

해 이루어진답니다.

전두엽 중에서도 앞부분에 위치한 곳이 바로 전전두엽 피질이에요. 말했듯이 사회적인 감정과 관련이 있는 부위인데요, 이 부위는 뇌의 다른 영역 중에서도 가장 늦게 발달합니다. 보통 이십대 초반이 되어서야 비로소 완성되죠.

실제로 여러 청소년의 뇌를 스캔해 보니 전전두엽의 회백질(뇌의 단면을 봤을 때 회색의 가장자리 부분)이 눈에 띄게 부피가 변화하는 모습을 발견할 수 있었어요. 전전두엽의 회백질이 두꺼워지는 현상은 사춘기에 접어드는 시기에 정점을 이룹니다. 이때 뇌 시스템은 마치 고장 난 것처럼 혼란이 일어나기도 하는데요, 그 결과 사춘기를 겪게 되는 것이지요. 괜히 짜증이 나고 반항심이 생기는 것은 모두 뇌의 이러한 현상 때문이랍니다.

어른스럽게 행동하라니,
우리 뇌는 아직 성장기인데요?

십대 후반이 되면 뇌는 가지치기를 시작합니다. 필요한 부분은 그대로 두고, 불필요한 부분은 차츰 제거해 나가

발표 생각만 해도
수치스러워

는 거예요. 이러한 뇌 발달 과정은 성인이 되어서도 계속됩니다. 이때 가지치기를 하면서 없어지는 부분은 대개 뇌를 각성시키고 흥분하게 만드는 것들입니다. 이런 부분들이 사라지면서 청소년은 점점 이성에 따라 행동하고 차분해지죠. 흔히 '철들었다'는 말을 듣기 시작할 즈음일 거예요.

2차 성징을 거치면서 겉모습이 성인처럼 보이는 청소년도 많습니다. 그래서 청소년 자신을 비롯해 가족이나 주변 사람들은 왜 그들이 성인과 다르게 느끼고 행동하는지 의아해하고는 하죠. 하지만 머릿속을 들여다보면 알 수 있어요. 청소년의 뇌는 여전히 자라고 있단 걸요!

내가 나인 게
싫어서

십대가 창피함을 더 많이 느끼는 게
뇌 때문이라니 신기해요.
제 뇌도 한창 발달 중인가 봐요.

윤아쌤

맞아. 발표를 앞두고 지현이가
느끼는 감정은 엄청 자연스러운 거야.

지현

아빠한테도 알려 줘야겠어요. 지금 제 뇌가
급속 성장하느라 남들 시선에 예민한 거라고요!

윤아쌤

지현이 뇌가 열일하나 보다. 엄청 잘 알아들었네!

지현

생각해 보니 성인인 우리 언니는요, 저보다 몸무게가
많이 나가는데도 딱 붙는 옷을 잘 입고 다녀요.
남들 앞에서 말도 스스럼없이 잘하고요.

윤아쌤

어떻게 그러는지 언니한테 물어본 적 있어?

지현

네, 언니 말이 나이가 들면서 점점 남들 시선을
덜 신경 쓰게 됐대요. 그때는 저 위로해 주려고
거짓말한다고 생각했는데, 쌤 말을 듣고 보니
언니 말이 진심이었나 봐요.

윤아쌤

그런데 지현아, 전두엽이 발달할 때 가장 중요한 건
다양한 경험을 해보는 거래. 발표처럼 남들에게
평가받는 상황에서 창피함을 무릅써 보는 거지.

실패도 해 보고, 내가 느끼는 것만큼 남들이 크게 신경
쓰지 않는다는 것도 피부로 느껴 보는 거야. 그러고
나면 다음에 비슷한 상황을 마주했을 때 창피함이나
불안감을 견딜 만한 힘이 조금 더 생길 거야.

사람들이
나만
보는 거 같아

재민 어머니

선생님, 자기가 연예인도 아니고 여드름 났다고 학원에 가기 싫다는 애가 제정신인가요? 누가 자기 얼굴을 본다고 유난인지 모르겠어요.

재민

아, 본다고! 쌤, 친구들이 놀리고 욕해요. 여드름 징그럽다고, 괴물이라고 그런다고요.

윤아쌤

재민이가 요새 여드름이 나면서 친구들 시선이 많이 신경 쓰이나 봐요. 중학생이다 보니 성호르몬이 왕성하게 분비되면서 신체적으로 여러 가지 변화가 생기니까요.

재민 어머니

올해 들어 수염도 나고 목소리도 바뀌고 키도 확 크긴 했어요. 그래서 화장품도 바꿔 주고 원하면 피부과도 보내 주겠다고 했거든요. 근데 학원에 가기 싫다는 건 그냥 공부하기 싫어서 떼쓰는 거 아닌가요?

재민

아, 아니라고! 집에서 혼자 인강 들으면서 공부하겠다니까?

윤아쌤

재민이가 유별나 보일 수는 있지만 거짓말하는 건 아닐 거예요. 기억을 떠올려 보면 어머님도 십대 시절에 남을 의식해 외모에 더 신경 쓴 경험이 있을 거예요.

남들은 나를 얼마나 신경 쓸까?

모든 사람이 나만 쳐다보는 것 같을 때가 있지 않나요? 색이 튀어서 평소 안 입던 옷을 입거나 실수로 앞머리를 짧게 잘랐을 때, 티셔츠에 엄지손톱만 한 얼룩이 묻었을 때면 사람들이 그 사실을 알아차릴까 봐 계속 신경이 쓰입니다. 주위의 시선이 의식되기 시작하면 작은 행동 하나도 조심스러워지죠. 땀이 삐질삐질 날 정도로 불안해지기도 하고요. 청소년뿐만 아니라 성인도 흔히 겪는 일입니다. 그렇다면 궁금합니다. 사람들은 다른 사람의 모습에 얼마나 관심을 기울일까요? 미국 코넬대학교에서 이에 관한 실험을 했습니다.

실험에 참가한 사람은 우스꽝스러운 그림이 대문짝만하게 박힌 티셔츠를 입어야 했어요. 누가 볼까 창피할 만한 티셔츠였죠. 옷을 갈아입은 참가자는 사람들이 미리 앉아 있는 방에 혼자 들어가야 했어요. 사람들은 모두 문 쪽을 보고 있었죠. 그런데 막상 참가자가 방에 들어가자 실험 진행자가 그를 멈춰 세웠습니다. 그러더니 잠시 복도에 나가 달

내가 나인 게
싫어서

라고 했죠. 참가자는 영문을 모른 채 복도로 나갔습니다. 마음속으로는 좀 전에 마주한 사람들이 티셔츠를 보고 자기를 이상하게 생각하지 않을까 걱정하면서요.

참가자는 몇 명이나 자신이 입은 '못생긴 티셔츠'를 알아보았을 거라고 예측했을까요? 실제보다 무려 두 배 더 되는 사람이 기억할 거라고 생각했답니다. 스스로 창피함을 느꼈던 나머지 사람들이 자신에게 시선을 집중할 거라고 생각한 것이지요.

> 거짓말…. 나한테 관심이 1도 없다고?

이제 알겠나요? 놀랍게도 사람들은 생각보다 남에게 관심이 없어요. 내가 입은 옷을 보고 '쟤는 뭐 저런 걸 입냐'며 평가하고 판단할 것 같지만 그렇지 않다는 거예요. 각자 자기에게 집중하느라 다른 사람이 뭘 하고, 어떤 모습인지는 잘 눈치채지 못한답니다. 사람들이 나한테 관심이 없다니! 어쩌면 누군가에게는 태양계의 중심이 지구가 아니라는 말보다 충격적인 사실일 거예요. 하지만 잘 생각해 보세요. 여러분은 다른 사람들에게 얼마나 관심을 기울이고 있나요?

사람들이
나만 보는 거 같아

세상의 중심은 내가 아니야

심리학자 토마스 길로비치 교수는 앞선 실험을 통해 '스포트라이트 효과'가 실제로 나타나는지 알아보고자 했어요. 스포트라이트 효과는 우리말로 '조명 효과'라고도 해요. 마치 유명인이 된 것처럼 사람들이 나에게 관심을 가지고 평가한다고 믿으면서 불안감을 느끼는 현상을 말하죠.

실험으로 알아봤듯이 누구나 스포트라이트 효과에 빠질 수 있답니다. 다시 말해 성숙한 어른도 남의 시선에서 자유롭지 않다는 말이에요. 그럼 한창 신체적으로 많은 변화를 겪으면서 몸에 대한 관심이 폭발하는 청소년은 어떨까요? 십대는 자신과 타인의 관점이 다르다는 것을 배워 가는 시기이기도 합니다. 그렇기에 '세상은 나를 중심으로 돌아간다'고 믿는 '자아중심성'이 두드러지는 때이기도 하죠. 자신에게 몰두하는 경향이 강하다 보니 다른 사람의 관점은 잘 이해하지 못하는 모습을 보이기도 한답니다. 아무도 내 마음은 몰라주는 것 같고, 이 세상에 나 혼자 남겨진 기분에 외로움을 느낀 적이 있다면 그건 아마도 자아중심성 때문일 거예요.

청소년의 자아중심성은 십대 초반에 나타나기 시작해

내가 나인 게
싫어서

십대 중반에 가장 두드러집니다. 그리고 차츰 자신과 타인을 객관적으로 바라보는 능력이 생기지요. 다양한 사회 경험을 쌓고, 나와는 다른 사람들을 만나면서요. 그 과정에서 자아중심성도 서서히 줄어드는 모습을 보인답니다.

오늘 얼굴 망했네.
누가 보고 욕하면 어떡하지?

하지만 그전까지 보통의 청소년은 자기 주변에 항상 청중이 존재한다고 생각합니다. 외모에 대한 관심이 늘어나면서 온종일 거울을 들여다보기도 하고, 재민이처럼 얼굴에 난 뾰루지 때문에 밖에 나가기를 싫어하기도 해요. 좀 더 나이가 든 성인이라면 길을 걷다가 넘어졌을 때 잠깐은 창피하더라도 '남들이 내가 넘어진 걸 얼마나 신경 쓰겠어' 하면서 다시 갈 길을 가겠죠. 하지만 청소년 시기의 아이들은 그러기가 쉽지 않습니다. 작은 실수도 그냥 넘어가지 못하고 엄청난 수치심을 느끼지요.

내가 나인 게
싫어서

선생님 말씀을 듣고 보니까 저도 학창 시절에 남들 시선을 많이 신경 썼던 거 같아요. 중학교 때 미용실에서 파마를 했는데 너무 이상해서 그 자리에서 울었던 기억이 나요. 사람들이 저를 이상하게 볼 거 같았거든요.

제 머리가 어떻든 사람들은 별로 관심도 없었을 텐데, 그땐 그게 왜 그리 신경이 쓰였을까요.

윤아쌤

지금 재민이 마음도 그때 어머님이 느꼈던 것과 비슷할 거예요.

재민 어머니

아들, 엄마가 유난스럽다고 말한 거 사과할게.

재민

거봐, 엄마도 그랬으면서! 그래도 사과는 받아 줄게.

윤아쌤

어머님 너무 멋진데요? 그리고 재민아, 쌤도 네 마음 이해해. 나도 살이 쪘다는 기분이 들면 친구들과 만나는 약속을 취소하곤 했거든.

재민

선생님은 전혀 신경 안 쓰실 줄 알았어요.

윤아쌤

아니야~ 한 가지 팁은 그런 생각에 빠져 있다 보면 더 울적해지잖아. 용기가 필요하겠지만, 학원에 가서 친구들이 재민이가 걱정하는 여드름에 정말 관심이 있는지 확인해 보면 좋겠어. 그래야 '내가 예측한 관점'이 아니라 '실제 타인의 관점'이 어떤지를 알 수 있거든.

2장

친구가
전부는
아니지만

" 걔는 왜
내 뒷담화를
할까?

서연

누가 학교 화장실 벽에다 제 욕을 써놨더라고요.
빨간 글씨로 '최서연 XX년. 죽어 버려.' 이렇게요.

윤아쌤

서연이 진짜 놀랐겠는데?
대체 누가 그런 걸 썼대?

서연

인사만 하던 다른 반 여자애가 있거든요?
걔가 그런 거 같아요. 친구 말이 걔가
뒤에서 제 욕을 엄청 하고 다닌대요.

'친구 믿고 나댄다.' '남자애들한테
꼬리친다.' 어쩌고저쩌고. 진짜 억울해요.
저랑 얘기 한 번 제대로 해 본 적
없으면서 이상한 소문이나 내고 다니고!

윤아쌤

와, 진짜 화나겠다. 내가
대신 가서 따지고 싶네!

서연

잘 모르는 애들이 소문만 듣고 저를
나쁘게 생각할까 봐 무서워요. 걔는
왜 제 욕을 할까요? 이해가 안 돼요.

윤아쌤

서연이 잘못이 아닌 건 알지? 자책은 안 하면 좋겠어.
솔직히 말하면 쌤도 학교 다닐 때 친구 험담을 한 적이
있거든. 지금 생각하면 왜 그랬나 싶은데, 그 시기에
유독 그러는 데는 이유가 있더라고.

험담하는 사람의 심리가 궁금해

서연이와 비슷한 일을 겪거나 본 적이 있을 거예요. 친구들 사이에서 한 친구를 따돌리거나 험담하고, 악의적인 소문을 퍼트리는 일들 말이에요. 이런 행동은 '관계적 공격성'과 관련이 있습니다.

관계적 공격성은 신체적 공격성과는 달라요. 아이들은 자기가 원하는 대로 일이 이루어지지 않을 때 분노를 표현하는 방식으로 공격성을 드러내는데요. 유아기에는 때리고 밀치고 할퀴고 물건을 던지는 신체적인 행동으로 공격성을 나타냅니다. 이런 식의 공격성은 언어를 배우고 사회화를 거치면서 많이 사라지죠. 초등학교 고학년에서 중학교 저학년 즈음이 되면 다른 방식의 공격성을 보이기 시작해요. 바로 관계적 공격성입니다.

관계적 공격성은 마음에 들지 않는 상대의 인간관계에 의도적으로 해를 끼치는 행동을 말합니다. 왕따 가해자를 떠올려 보세요. 친구들 사이에서 한 친구를 모함해 소외시킨다면 그것이 바로 관계적 공격성입니다. 앞에서 잘해 주

는 것 같다가도 뒤에서 몰래 욕을 해 상대를 나쁜 사람처럼
몰아가는 것 또한 마찬가지랍니다.

심리학자들은 왜 이러한 행동이 나타나는지 알아보고
자 했어요. 중학생을 대상으로 설문 조사를 실시했는데, 결
과가 매우 흥미로웠습니다. 사람들에게 부정적으로 평가받
을까 봐 두려워하는 사람일수록 관계적 공격 행동을 많이
보이는 게 아니겠어요?

상황을 하나 예로 들어 볼게요. 친구들에게 미움받을까

걔는 왜
내 뒷담화를 할까?

봐 늘 전전긍긍하는 A가 있습니다. A는 친구가 자기의 결점을 알아채고 뒤에서 험담하지는 않을지 걱정이 많아요. 어느 날 A가 학교 복도를 지나는데 반대편에서 인사만 하고 지내던 친구 B가 걸어오는 것을 발견합니다. B는 다른 친구와 함께였죠. 그런데 A가 손을 들어 인사하려는 순간, B가 휙 하고 지나가 버리는 게 아니겠요? 그러면서 B는 옆에 있는 친구와 뭐라고 소근거리며 웃습니다.

A는 B가 자기를 보고도 모른 척한다고 생각해요. 당혹스러움과 함께 수치심이 밀려오죠. 수치심은 곧 B가 나를 욕하고 다니면서 내 인사를 무시한다는 확신으로 바뀝니다.

> 결국 너도 나를 싫어한 거였네.
> 내가 당하고만 있을 거 같아?

이제 A는 친구들에게 B를 험담하기 시작합니다. "B 재수 없지 않냐?" "XX년 주제도 모르고 나댄다니까." 친구들이 호응해 주는 듯하자 A는 더욱 신이 나서 뜬소문까지 더해 가며 B를 욕합니다. 이때 A에게 자신의 말이 사실인지 아닌지는 중요하지 않아요. 왜냐고요? B가 먼저 공격을 했고, 자신은 그에 마땅한 반격을 하는 것뿐이라고 생각하기 때문이에요.

A가 B를 욕하는 심리를 알겠나요? A는 평소 우려했던 대로 누군가 자신을 싫어한다는 생각에 확신이 들었습니다. 그러면서 자동적으로 '어떻게 나한테 그럴 수 있지? 내가 상처받은 만큼 B도 힘들어 봐야 해!'라는 마음이 스멀스멀 올라온 것이지요.

험담은 당하는 사람도, 하는 사람도 힘들게 해

누구나 친구 관계에서 크고 작은 갈등을 겪습니다. 어떤 갈등은 작은 다툼으로 끝나지만, 때로는 따돌림이나 집단 괴롭힘 같은 심각한 문제로 이어지기도 하죠.

앞선 상황에서 여러분은 A의 행동에 대해 어떻게 생각하나요? B가 A에게 오해할 만한 여지를 줬으니 A의 행동은 이해받아 마땅할까요? 저는 A의 행동을 정당화하고 싶지 않아요. 관계적 공격성의 피해자가 된 사람은 육체적인 고통만큼이나 큰 정신적인 고통으로 상처를 입으니까요. 그 상처가 얼마나 오래 갈지 과연 가늠할 수 있을까요?

거짓 소문 퍼트리기, 무리에서 따돌리기 같은 관계적 공격 행동이 십대 여학생의 정신 건강에 어떤 영향을 끼치는지 연구한 결과도 있어요. 피해 학생들은 일반 학생들과 비교했을 때 우울감이나 불안도가 더 높게 나타났습니다. 무리나 학교를 벗어나고 싶다는 열망도 훨씬 강했고요. 자살 생각도 더 많이 한다는 걸 알 수 있었죠.

심리학자들은 관계적 공격성으로 피해를 본 학생의 심리를 분석하는 동시에 관계에서 공격적인 모습을 보이는 학생이 겪는 심리적 어려움에도 주목합니다. 저 역시 학창 시절에 누가 나에 대해 안 좋은 소리를 하고 다닌다는 말을 듣거나, 친구들 사이에서 이간질하는 친구를 볼 때면 마냥 속상하고 힘들었어요. 그런데 어느 순간 한 발짝 떨어져서 보니 이런 의구심이 들었습니다. '저렇게 행동하면 결국 자기한테도 안 좋을 텐데….'

> 남을 헐뜯는 말은 부메랑처럼
> 결국 나를 향해 돌아오지.

친구가 전부는
아니지만

실제로 관계적 공격성을 보이는 친구들은 또래에게 거부당하기 쉬우며, 청소년기 이후에 맺을 사회적 관계에서도 어려움을 겪을 가능성이 높다고 합니다. 결국 더 많은 외로움을 느끼게 되고요. 한두 번 맞장구를 쳐줄 수는 있지만, 남에 대한 험담이나 악의적인 소문을 퍼트리고 다니는 친구와는 멀어지고 싶은 마음이 들기 마련이니까요. 어쩌면 이 말이 가해 학생의 행동을 용서하라는 말처럼 들릴지도 모르죠. 하지만 가해자에 대해 '그들도 피해자'라고 말하려는 게 아니에요. 그보다는 '그들도 결국 힘들어질 거야'라고 말하고 싶습니다.

어떤 이유에서도 가해는 가해라고!

어쩌면 여러분도 일상에서 누군가를 험담하고 싶을 수 있어요. 친구들과 대화 속에서 이런 말이 나오면 별일이 아닌 것처럼 느껴져서 죄책감조차 느끼지 못할 수 있죠. 하지만 그럴 때는 말하기 전에 내 마음을 솔직하게 들여다보면 좋겠어요. '왜 이 친구를 욕하고 싶은 마음이 들지?' 하고 말이죠. 그럼 진짜 이유를 찾게 될 거예요. 무엇보다 내

걔는 왜
내 뒷담화를 할까?

가 상처받고 싶지 않은 만큼 다른 사람도 상처받으면 아프
니까요.

친구가 전부는
아니지만

서연

쌤 얘기를 들으니 마음이 복잡해요. 저를 욕한 애를 이해하긴 싫지만, 다른 사람 행동에 민감한 마음은 저도 잘 알거든요. 그렇다고 제가 남 욕을 하고 다니진 않잖아요. 그래서 짜증 나요!

윤아쌤

서연이 말이 맞아. 어떤 이유에서도 남의 험담을 함부로 해서는 안 되지.

서연

근데요, 쌤. 저도 걔가 그런 건지 확실하지 않은데 쌤한테 말한 게 좀 찔려요.

윤아쌤

오~ 그런 생각도 하다니, 서연이 진짜 멋지다.

서연

맨날 다른 애들 욕만 하는 친구가 있거든요. 처음에는 재밌어서 잘 들어 주고 맞장구도 쳐줬는데, 만날 때마다 그러니까 점점 지치더라고요. 뒤에서 내 얘기도 할 거 같고…. 그래서 결국 그 친구를 멀리하게 됐어요.

윤아쌤

남을 험담하면서 친해질 수도 있지만, 그것 때문에 관계가 망가지기도 하지. 서연이가 이미 잘 알아서 다행인걸?

담배는
친구 따라
피운 건데

수빈

쌤, 저 고백할 게 있어요. 말할까 말까 고민 많이 했는데, 쌤은 뭐라고 안 하고 진지하게 들어 주실 거 같아서요.

윤아쌤

수빈이 분위기가 평소랑 달라서 좀 긴장되는데? 그래도 최선을 다해 들어 볼게.

수빈

저 사실, 담배 피워요…. 한 열 달 됐나 그래요.

윤아쌤

정말? 당황스럽긴 한데, 좋고 나쁜 걸 떠나서 수빈이가 솔직하게 털어놔 줘서 고맙다. 먼저 흡연하는 걸 고백한 데는 그만한 이유가 있겠지?

수빈

고민이 돼서요. 사실 제가 담배를 엄청 피우고 싶고 그런 건 아니거든요? 접때 쌤한테 올해 친해진 친구랑 선배 들이 있다고 했잖아요.

윤아쌤

기억해. 같이 노래방이나 PC방에 자주 간다고 했지?

수빈

맞아요. 다들 담배를 피우거든요. 처음엔 저도 맛이 궁금해서 폈는데, 이제는 별로 피우고 싶진 않아요. 근데 같이 서서 혼자 안 피우면 뻘쭘하더라고요. 선배들이 눈치 주기도 하고요.

친구가 하면 나도 해야 할 거 같아

누군가의 옆에 있다 보면 자연스럽게 그 사람이 하는 행동을 따라 하게 됩니다. "친구 따라 강남 간다"는 속담도 있잖아요. 이런 모습을 두고 '물든다'고도 하지요. 좋은 것이든 나쁜 것이든 가까이 지내면 자기도 모르게 보고 배우게 되는 것입니다. 술이나 담배처럼 청소년기에 문제가 될 만한 위험 행동도 마찬가지예요.

청소년이 위험 행동을 하는 데에 또래 집단이 얼마나 영향을 미치는지 알아보기 위해 설문 조사를 했어요. 중·고등학생을 대상으로 담배나 술 등을 하는지 조사한 후 학교 친구와 선배, 다른 학교 친구 중 누가 가장 많은 영향을 주는지 물었습니다. 결과는 수빈이가 겪는 상황과 비슷했어요. 학교 친구와 선배가 흡연과 음주를 하는 데 큰 영향을 미쳤거든요. 그중에서도 가장 많은 영향을 준 건 같은 학교 선배였어요. 또한 같은 성별끼리 더 많은 영향을 주고받는다는 것을 알 수 있었죠.

친구가 전부는
아니지만

너도 한다고? 그럼 나도 해야지!

　　이처럼 나이가 비슷한 친구들 사이에서 암묵적으로 정
해진 규칙에 따라 행동하는 것을 '또래 압력'이라고 합니다.
또래 압력은 아동·청소년 시기에 특히 많이 나타나는데요.
이 시기에 자기 또래의 모습을 보고 똑같이 따라 하면서 자

담배는
친구 따라 피운 건데

신만의 정체성을 만들어 나가기 때문입니다. 이때 내가 속한 집단이 감정적으로 친밀한 관계를 맺고 있다면? 그럴수록 또래 압력 또한 더욱 커진답니다. 친한 친구들끼리 말투나 옷차림이 비슷한 모습을 흔히 볼 수 있잖아요.

모두가 '예'라고 할 때 '아니오'라고 하긴 힘들어

십대가 또래 압력을 느끼듯이 성인도 사회적 압력에서 자유롭지 못해요. 사회가 정한 규칙대로 행동해야 한다는 압박을 받기 때문이죠. 미국의 사회심리학자 솔로몬 애시는 이러한 사회적 압력에 관한 흥미로운 실험을 했어요. 정답이 명확한 상황에서도 사람들이 주변 사람의 의견을 따라가는지 알아보고자 했습니다.

실험은 시력 검사를 하는 상황으로 꾸며졌어요. 참가자는 왼쪽에 그려진 선과 길이가 같은 선을 고르는 문제를 받습니다. 오른쪽 보기에는 길이가 다른 선이 세 가지 있었어요. 참가자 옆에는 다른 참가자들도 있었는데요, 사실 이들은 일부러 틀린 답을 말하도록 지시받은 가짜 참가자였죠. 이 사실을 전혀 모르는 참가자는 누가 봐도 틀린 답을 고르는 다른 참가자들의 답을 들으면서 그야말로 동공 지진을 했답니다.

가짜 참가자들이 없을 때 이 단순한 문제의 정답률은 무려 99퍼센트였어요. 하지만 가짜 참가자들이 끼어들자 참가자의 약 37퍼센트가 그들을 따라 틀린 답을 골랐습니다. '동조' 현상이 나타난 거예요. 동조는 다수의 의견에 따라 개인이 생각이나 행동을 바꾸는 걸 말해요.

그럼 사람들은 왜 동조를 할까요? 그 이유는 크게 두 가지로 볼 수 있어요. 첫째, 정답이 불확실한 상황에 놓였을 때 다수의 의견을 따르는 것이 안전하고 더 나은 방법이라고 생각하기 때문입니다. 둘째, 인간은 사회적 동물이므로 소속감을 추구하기 때문이에요. 그렇기에 다수가 원하는 방향을 따라가려고 하는 것이지요. 이것이 바로 모두가 '예'라고 할 때 '아니오'라고 하기 힘든 이유랍니다.

나 혼자 다른 답을 고르면 너무 튀어 보이잖아.

담배는
친구 따라 피운 건데

어떤가요, 술이나 담배 같은 비행 행동을 하는 청소년에게 "친구가 한다고 다 따라 하니?"라고 쉽게 말하기는 어렵겠죠? 물론 잘못된 행동인 건 맞지만 단순히 비난할 문제는 아니라는 겁니다. 어른들 역시 동조하도록 압박을 받는 상황에서는 자기 목소리를 내기보다 다수의 의견을 따라가기 쉬우니까요.

친구가 전부는
아니지만

어른들도 다른 사람들 눈치를 보느라 틀린
답을 고른다고 하니 왠지 안심이 돼요.
제가 쫄보라 애들한테 휘둘린 거 같다는
생각 때문에 기분이 더 안 좋았거든요.

윤아쌤

스스로 쫄보라고 생각했단 말이야? 쌤은
수빈이가 먼저 고민을 털어놓았다는
것만으로도 엄청 용감하다고 생각하는데?

수빈

칭찬은 쑥스러운데. 😄

선배한테 영향을 많이 받는다는 얘기도 완전
공감돼요. 담배를 못 끊는 이유도 친구보다는
선배들이 눈치 주는 게 더 크거든요.

윤아쌤

수빈이가 지금 느끼는 그 불편함을 잘 따라가
보면 좋겠어. 선택지는 여러 가지가 있으니까.
담배를 권하는 선배들과 놀지 않을 수도 있고,
담배를 권할 때 거절할 수도 있어. 또 친구들한테
담배를 끊자고 얘기해 볼 수도 있겠지.

그 선택들이 모여서 수빈이
나름의 주관이 생기는 거거든.

SNS
빼고는
다 노잼이야

다연 어머니

도무지 이해가 안 돼요. 요즘 애들이 스마트폰 없이 못 사는 건 알지만, 다연이는 도가 지나쳐요. 며칠 전에는 밥 먹는 동안에라도 핸드폰은 치워 두겠다고 하니까 빽 소리를 지르더니 자기 방으로 들어가 버리더라고요.

다연

엄마가 제대로 말도 안 하고 막 뺏으려고 했잖아!

윤아쌤

어머니는 다연이가 핸드폰만 보고 있으면 어떤 마음이 드나요?

다연 어머니

걱정되죠. 최근에 엄청 충격받은 일이 있었어요. 애 아빠가 엄한 편이라서 다연이도 아빠 앞에서는 핸드폰을 자제하거든요. 근데 다연이가 엄청 불안해 보이는 거예요. 핸드폰 잠깐 못 봤다고 그러는 게 정상인가 싶고….

윤아쌤

어머님이 걱정하시는 마음도 이해돼요. 그런데 아이들이 하는 행동은 겉으로 드러나는 증상만 볼 게 아니라, 그 뒤에 어떤 마음이 숨겨져 있는지를 파악하는 게 더 중요하거든요.

그래야 싸움이 아닌 대화를 해 볼 수 있으니까요. 다연이가 어떤 어려움을 겪고 있는지도 알 수 있고요.

다연 어머니

생각해 보니 제가 다연이랑 통 대화를 못했네요.

윤아쌤

다연아, 네 마음이 어떤지 얘기해 줄 수 있어?
네가 지금 어떤지 이해해 보고 싶어서 그래.

다연

솔직히 인스타그램에 집착하는 제
모습이 한심하다고 느껴질 때가
많아요. 문제는요, 제 인생에서 SNS
말고는 별로 재밌는 게 없어요.

윤아쌤

왜 그렇게 생각하는지 물어봐도 돼?

다연

인스타에서는 애들이랑 대화도 자주 하고,
웃긴 것도 공유하면서 놀거든요. 근데 막상
현실에서는 진짜 친하다 싶은 애가 없어요.

윤아쌤

그럼 SNS를 안 하면 초조하고
불안한 기분이 들어?

다연

그런 거 같아요. 제가 인스타에 없는 동안
자기들끼리 즐거울 거 같아서 불안해요. 나만
뭔가를 놓치고 있을까 봐 무섭기도 하고요.

SNS를 안 보면
왜 불안할까?

우리는 하루 중 많은 시간을 스마트폰을 보며 보냅니다. 실제 대화보다 메신저 채팅을 더 많이 하고, 유튜브나 넷플릭스를 보며 지루할 틈 없이 시간을 보내죠. 또 빼놓을 수 없는 것이 인스타그램, 페이스북, 틱톡, 트위터와 같은 SNS예요. SNS를 매일 습관적으로 들어가다가 하루, 아니 단 몇 시간 동안이라도 보지 않으면 어떤 일이 벌어질까요? 궁금한 마음에 손이 간질간질해지면서 다연이처럼 불안감이나 초조함을 느끼기도 하죠. 내가 접속해 있지 않은 순간에도 SNS

SNS 빼고는
다 노잼이야

는 전원이 꺼지지 않잖아요. 24시간 업데이트되죠. 그래서 일까요, SNS는 중독성이 강합니다. 내가 없을 때도 사람들은 새로운 글을 올리고, 소통하며, 연결되어 있으니까요.

어떤 세대보다도 스마트폰 같은 디지털 기기에 익숙한 청소년은 어떨까요? 길게 말하지 않아도 여러분이 더 잘 알 거라고 생각해요. 핸드폰은 일상 그 자체이고, SNS는 직접 맺는 인간관계만큼이나 중요하겠지요.

> SNS를 안 하면 무슨 재미로 살아?

최근 심리학계에서도 소셜미디어 사용과 관련한 연구가 많이 이루어지고 있습니다. 청소년이 SNS에 집착하는 이유를 알아본 연구도 있어요. 연구팀은 십대 참가자에게 가까운 관계에서 얼마나 애착을 느끼는지 물었습니다. 부모님과 또래 친구가 자신을 이해한다고 생각하는지, 또 그들에게 자신의 문제와 걱정거리에 관해 이야기하는지 등의 질문을 했죠. 각각의 관계에 얼마나 '애착'이 잘 형성되어 있는지 알아보았어요. 여기서 애착은 정서적으로 강한 연결을 느끼는 마음을 말합니다.

친구가 전부는
아니지만

'소외에 대한 두려움'을 얼마나 많이 느끼는지도 살펴보았습니다. 소외에 대한 두려움은 '포모(FOMO, fear of missing out) 증후군'이라고도 하는데요, 쉽게 말해 나만 뒤처지거나 흐름을 놓치지 않을까 두려워하는 마음이에요. 이러한 불안과 연관해서 내가 주변을 의식하는 데 시간을 많이 쓴다고 생각하는지, 친구들이 나보다 더 나은 경험을 할까 봐 두려운지 등을 질문했어요. 마지막으로는 학생들이 SNS에 얼마나 빠져 있는지 측정하기 위해 소셜미디어의 사용이 일상생활에 부정적인 영향을 미치는지 물었습니다.

유행에 뒤처질까 무서워

연구에 참여한 학생들의 하루 평균 SNS 이용 시간은 약 149분이었어요. 하루 중 2시간 반가량을 소셜미디어 안에서 살고 있는 셈이지요. 2021년 중·고등학생 2,800여 명에게 물었더니 스마트폰을 평균 3시간 이상 이용한다고 답한 학생이 61퍼센트가 넘었습니다. 2022년 청소년의 인터넷 사용 시간은 평균 수면 시간인 약 7시간보다 긴 8시간이었어요.

흔히 말하는 '요즘 애들'이 스마트폰에 '과몰입'하기 때문에 SNS에 집착하는 걸까요? 단순히 그렇게 결론을 내려서는 아무것도 알 수 없답니다. 십대가 하루 중 많은 시간을 SNS를 하면서 보낸다면, 그 뒤에 어떤 심리가 있는지도 알아야 해요. 청소년 본인뿐만 아니라 부모님도 말이죠!

연구 결과는 여러분도 어느 정도 예상했을 텐데요. 또래 친구나 부모와 애착이 강하지 않을수록 소외에 대한 두려움은 커졌습니다. 그로 인해 SNS에 더욱 중독되는 모습이 나타났죠. 다시 말해 친구나 부모님과 가깝지 않다고 느낄수록 혼자가 될까 봐 두려운 마음이 커지며, 결국 소셜미디어에 더 많은 시간과 에너지를 쓰게 된다는 거예요.

여기서 주목할 만한 점은 부모님과의 애착이었습니다. 청소년이 아무리 소외에 대한 두려움이 있다고 하더라도 부모님과 정서적으로 끈끈한 관계를 맺고 있다면, 소셜미디어에 완전히 빠지지 않는 모습이 나타났거든요. 부모님이 완충재가 되어 주는 것이지요.

> 인스타그램의 끝없이 이어지는 사진을
> 내리다 보면 내 마음속 불안도 사라질까?

친구가 전부는
아니지만

남들은 다 아는 걸 나만 모를까 봐, 유행에 뒤처질까 봐, 사람들 사이에 섞이지 못할까 봐 불안하고 두려운 건 십대만 느끼는 마음은 아니랍니다. 얼마 전까지 전국에 있는 편의점 문 앞에는 이런 문구가 붙어 있었잖아요. '포켓몬 빵 품절입니다.' 약 20년 만에 다시 출시된 포켓몬 빵은 함께 들어 있는 띠부띠부씰을 수집한 사진이 각종 소셜미디어에서 유행하기 시작하면서 엄청난 인기를 끌었죠. 아이고 어른이고 너도나도 포켓몬 빵이라는 '인싸템' 대열에 합류하기 위해 편의점이나 마트의 오픈 시간에 맞춰 대기하는 오픈런을 하기도 하고, 원래 가격의 수십 배가 넘는 돈을 주고 중고거래도 했습니다. 이런 현상 역시 소외되는 것을 두려워하는 마음에서 비롯된 것이지요.

SNS 빼고는
다 노잼이야

디연

사실 올해 학년이 바뀌면서 친했던 친구들이랑 다 다른 반이 됐어요. 이제 4월이라 반 애들은 다 친한 무리가 정해진 거 같은데, 저는 아직 혼자예요.

윤아쌤

에구. 혼자 다른 반이 됐구나. 밥은 그럼 누구랑 같이 먹어?

디연

혼자 급식실 가는 게 싫어서 안 먹은 적도 많아요. 그 시간에 가만있기도 뻘쭘해서 핸드폰을 보다 보니까 인스타 하는 시간도 점점 늘어난 거 같아요.

애들이 뭐 하면서 노는지 궁금하고, 전처럼 그 사이에 끼고 싶기도 해서 계속 보게 돼요. 그럼 외롭다는 생각이 덜 들거든요.

윤아쌤

다연이가 고민이 많았겠네. 무엇보다 외로웠을 거 같고.

디연 어머니

저는 속상하고 미안해지네요. 요새 다연이가 점심시간에 자느라 밥을 안 먹었다면서 집에 와서 부쩍 과자를 먹길래 잔소리를 했거든요. 그런 이유에서 급식을 안 먹은 줄은 몰랐어요.

아이가 부모랑 사이가 가까우면 SNS 중독으로 빠지는 걸 막을 수 있다고 하셨잖아요. 앞으로는 다연이가 속마음을 얘기할 수 있도록 제가 먼저 노력해야겠어요.

디연

오, 엄마 좀 감동인데?

3장

가족이
뭐라고

잔소리 들으면
아무것도
하기 싫어져

지민

학교도 학원도 가기 싫어요. 그냥 아무것도 하기 싫어요. 어차피 망할 거라.

윤아쌤

어떤 마음에서 그럴까, 선생님은 지민이가 얼마나 힘든지 알고 싶어.

지민

몰라요…. 시험 기간이 다가올수록 사라져 버리고 싶다는 생각만 들고, 학교에 있으면 창밖으로 뛰어내리고 싶어요.

윤아쌤

압박감이 많이 심한 거 같아. 그런데 지민아, 어차피 망할 거라고 했잖아. 시험을 망치면 어떻게 될 거 같아?

지민

공부 하나 못하는 한심한 인간이 되겠죠. 아빠가 매일 그러거든요. 대학 못 가는 애는 쓸모없다고. 자기 때는 돈이 없어서 학원은 꿈도 못 꿨는데, 너는 감사한 줄 알라고. 부모가 다 해주는데 공부 그거 하나 못하냐고요.

윤아쌤

와, 진짜 숨 막히겠는데? 아버지가 그런 말씀을 자주 하셔?

지민

네. 공부가 제일 심하긴 한데, 사실 공부뿐만이 아니에요. 친구랑 축구라도 하려고 하면 이상한 친구 만나는 거 아니냐, 다쳐 봐야 정신을 차리겠냐 같은 말을 해요.

그럴수록 기분이 쳐져서 아무것도 하고 싶지 않아져요. 내가 진짜 실패자가 된 거 같거든요.

간섭받으면
왜 무기력해질까?

해야겠다고 생각하다가도 누가 하라고 하면 하기 싫어집니다. 부모님이 공부 좀 하라고, 핸드폰 좀 그만 보라고, 일찍 좀 자라고, 편식 좀 하지 말라고 하는 말들이 잔소리처럼 들리곤 하죠. 내가 하는 모든 행동에 간섭받는 것만 같아 마음이 갑갑해집니다. 계속 그런 상황이 반복되면 지민이처럼 의욕을 잃고 무기력에 빠지기도 하는데요. 부모가 지나치게 간섭하면 정말 자녀는 공부할 의욕을 잃을까요?

　아이들이 부모의 양육 방식을 어떻게 느끼는지를 알아보기 위해 이화여자대학교 연구팀은 중학생을 대상으로 설문 조사를 했습니다. 먼저, 부모님이 자신을 심리적으로 통제한다고 느끼는지 물었어요. '아빠는 내가 말을 할 때마다 내 말을 끊는다.' '엄마는 내가 무슨 생각을 하고 기분이 어떤지 다 아는 것처럼 행동한다.' 등의 질문으로 부모가 얼마나 자녀의 표현을 제한하고 감정을 인정하지 않는지 알아보았죠.

　'나의 가족들은 내가 완벽하기를 기대한다'는 질문으로

가족이
뭐라고

'사회부과적 완벽주의'에 관해서도 살펴보았습니다. 사회부과적 완벽주의는 다른 사람에게 인정받기 위해 완벽하게 행동하려고 하는 것을 말해요. 이 성향을 보이는 사람들은 타인의 기대에 부응하려고 노력하는데요, 그래야만 인정받을 수 있다고 여기기 때문입니다. 반대로 내가 일을 훌륭하게 해내지 못하면 사람들이 나를 형편없다고 생각할 것이라고 여기죠. 그래서 문제가 일어났을 때 회피하는 방식으로 문제를 해결하려고 하는 모습을 보이곤 한답니다. 사회적인 문제를 해결하는 능력이 낮기 때문이에요.

그다음으로 '실패 공포'를 측정했어요. '내가 어떤 일을 해내지 못할 때 내게 중요한 사람이 나를 탓할 것 같다'고 생각하는지를 물었습니다. 실패 공포가 무엇인지는 이름에서 추측해 볼 수 있겠죠? 실패로 인해 자신에 대한 평가 수준이 낮아지며, 미래가 불확실해지고, 나에게 중요한 사람의 관심을 잃거나 그들을 속상하게 할까 봐 느끼는 공포를 말해요.

끝으로 '학업지연 행동'을 평가하는 질문을 했어요. 지연 행동은 흔히 '꾸물거림'이라고 하는데요, 어떤 일을 시작하거나 결정하기를 미루는 것을 뜻합니다. 그중에서도 마음이 불편할 때까지 시험공부나 숙제 등을 미루는 것을 '학

잔소리 들으면
아무것도 하기 싫어져

업지연 행동'이라고 한답니다. 이를 측정하기 위해 '마지막 순간까지 일을 시작하기를 미룬다.' '일을 해야 한다는 걸 알아도 즉시 시작하고 싶지 않다.' 같은 질문을 했어요.

연구 결과는 어땠을까요? 부모님이 내 행동과 마음을 통제한다고 느낄수록 완벽하게 해내야 한다는 압박이 강해지고, 실패할까 봐 두려워하는 마음이 커졌습니다. 숙제나 시험공부를 해야 한다는 걸 알면서도 계속 미루는 모습을 보였지요.

부모의 간섭은 자녀에게 "넌 왜 이 정도밖에 못 하니"라는 라는 말을 끊임없이 하는 것이나 마찬가지입니다. 주어진 상황에서 내가 어느 정도 할 수 있다는 믿음이 있으면 그냥 시작하면 되겠죠. 하지만 스스로 그럴 만한 능력이 없다고 여기거나, 남들이 나에게 기대하는 정도가 너무 높다고 판단하면 상황은 달라집니다. 지민이가 그랬듯이 그런 상황에서는 행동하기를 포기하거나, 끊임없이 할 일을 미루면서 피하게 되지요. 완벽하지 못할 바에는 아예 하지 않는 걸 선택하거나 완벽해야 한다는 압박감 때문에 시작조차 못하는 거예요.

가족이
뭐라고

어차피 혼날 텐데 아예 시작을 말아야지.

여러분이 부모님에게 무엇보다 바라는 건 사랑받고, 관심받고, 인정받는 것 아닐까요? 그런데 뭘 해도 비난받는다고 느끼고 '너는 틀렸다'는 대답만 돌아온다면 어떨까요? 그런 상황에서는 새로운 무언가에 도전하고 경험하는 것이 두려워질 수밖에 없겠죠.

실패해 보아야 얻을 수 있는 것

'헬리콥터 부모'라는 말을 들어 봤나요? 자녀의 위에서 헬리콥터처럼 떠다니면서 모든 일에 간섭하고 참견하는 부모를 뜻하는 말이에요. 부모가 자녀를 보살피고 돕는 것은 당연한 일이죠. 하지만 자녀가 청소년이 아닌 성인이 되어서까지 학업뿐만 아니라 진로, 인간관계 등 일거수일투족에 부모가 관여하는 것은 문제입니다.

심리상담을 하다 보면 청소년의 심리 상태에 머물러 있

가족이
뭐라고

는 성인들을 보곤 합니다. 통제가 심한 부모 밑에서 자란 그들은 성인이 되어서도 부모의 기대와 명령을 마치 자신이 원하는 것처럼 따르는 모습을 보이는데요. 문제는 이렇게 이십대, 삼십대가 되어서도 부모로부터 정신적으로 독립하지 못한 사람은 혼자서 무언가를 해낼 수 있다는 자신감이 극도로 떨어진다는 거예요.

청소년기는 부모로부터 조금씩 독립할 준비를 하는 시기입니다. 이때 무엇이든 도전하고 경험하면서 실패에서 오는 좌절감도 겪어 보고, 실패했을 때 어떻게 대처해야 하는지 스스로 깨닫기도 하죠. 곧 있으면 더 넓은 사회로 나가 수많은 좌절을 마주해야 하는 십대에게 이 과정은 무엇보다 중요하답니다. 충분한 시행착오를 겪을 수 있도록 부모는 자녀에게 명확한 가이드라인을 두되, 그 안에서 최대한 자기 스스로 생각하고 행동할 수 있도록 자율성을 줘야 해요.

많은 부모님이 잘못 생각하는 지점이 있습니다. 필요한 조건을 모두 갖춰 주면 자녀가 실패하지 않을 거라 생각해요. 실패하지 않아야만 주눅 들지 않고 세상의 모든 일을 당당하게 헤쳐 나갈 수 있으리라고 믿죠. 하지만 실제로는 그렇지 않답니다. 어릴 때 실패를 맞닥뜨려 보지 않는 것은 오

잔소리 들으면
아무것도 하기 싫어져

히려 실패에 대한 공포를 키울 뿐이에요. '실패하지 않는 방법'을 알려 주는 게 아니라, '실패할 수도 있지만 해 보는 힘'을 길러 줘야 합니다.

> 혼자서 충분히 실패해 봐야
> 실패하지 않는 법도 배우지.

실패할까 봐 하고 싶은 것을 지레 포기하지 않았으면 좋겠어요. 실패가 적을수록 자신감이 커질 것 같지만 아이러니하게도 실패를 극복해 본 경험에서 자신감도 커진답니다. 그러니 성공하지 못하더라도 그 경험이 여러분을 더 나은 곳을 데려다주리라고 믿어 보세요. 우리는 실패하는 만큼 더 자라니까요!

가족이
뭐라고

윤아쌤

아버님, 혹시 지민이가 처음
자전거를 타던 날을 기억하시나요?

지민 아버지

그럼요. 초등학교 6학년쯤이었죠.
지민이가 겁이 많아서 또래보다
자전거도 좀 늦게 배웠어요.

윤아쌤

그날 지민이가 어땠나요,
처음부터 혼자 곧잘 타던가요?

지민 아버지

그럴 리가요. 엄청 넘어지고
다쳤죠. 사실 포기할 줄 알았는데,
결국엔 혼자서 타더라고요.

윤아쌤

지민이는 그때 어떻게 하면 덜 넘어질 수
있을지 스스로 터득했을 거예요. 만약 그날
아버님이 처음부터 끝까지 자전거를 붙잡아
줬다면 어땠을까요?

지민 아버지

아…. 그러면 여태 혼자서는
자전거를 못 탔을 수도 있겠네요.

윤아쌤

그렇죠. 절대 넘어지거나 다치면 안 된다고
생각했다면 자전거 타는 걸 포기했을지도 몰라요.

윤아쌤

그렇다면 아버님, 인생에서도 지민이가
스스로 넘어지는 걸 싫어하는 게
아니라 아버님이 아이가 넘어지는 걸
보기가 두렵고 불안한 게 아닐까요?

지민 아버지

모든 걸 다 해주는 게 지민이를 위한
길이라고 믿었는데, 그게 아닐 수도
있겠다는 생각이 드네요….

윤아쌤

맞아요. 아버님은 누구보다
지민이를 아끼고 사랑하니까
모든 걸 다 해주고 싶었을 거예요.

하지만 아이들은 무수히 넘어지고
일어나기를 반복해야 그 안에서 자신의
정체성을 찾을 수 있어요. 아버님이 이런
기회를 꼭 지민이에게 선물하면 좋겠어요.

말해 봐야
어차피
비난만 하겠지

동민 어머니

담임선생님 말씀이 동민이가 요새 따돌림 비슷한 걸 당하고 있대요. 걱정할 정도는 아니라는데, 왕따로 극단적인 선택을 하는 아이들도 많다 보니 동민이도 이러다가 잘못된 마음을 먹기라도 할까 봐 걱정이에요.

윤아쌤

동민이가 어머님께 힘들다는 이야기를 따로 하진 않나요?

동민 어머니

속상하다는 말 한마디라도 하면 안심일 텐데, 그런 이야기는 통 안 해요. 담임선생님 얘기를 듣고 물어보니까 "응" 하고는 방으로 들어가 버리더라고요. 더 물어보려니까 짜증만 엄청 냈어요.

윤아쌤

아이고. 진짜 답답하고 걱정되실 거 같아요. 동민이가 요새 스트레스를 많이 받긴 하더라고요. 친구들 사이에서 소외감도 많이 느끼고요.

동민 어머니

선생님께는 얘기를 잘하나요? 저한테는 언제부턴지 뭘 물어도 "응" "아니"가 전부거든요. 제가 동민이한테 잘못한 거라도 있는 걸까요?

윤아쌤

동민이한테 부모님께는 왜 고민 얘기를 안 하냐고 물어본 적이 있어요. 그때 "어차피 비난할 텐데 뭐하러 말해요"라고 하더라고요. 아마도 그 말에 답이 있지 않을까 싶어요.

부모님한테는
다 비밀이야

십대는 비밀이 많습니다. 비밀이 많다고 특히 부모님들이 말하곤 하지요. 성적부터 이성이나 또래 친구 같은 관계의 문제, 진로나 정체성에 관한 고민에 이르기까지 비밀이 많아도 너무 많다는 겁니다. 실제로 비밀의 크기와 상관없이 동민이처럼 부모님에게 자신의 속마음을 꺼내 보이기 힘들어하는 십대가 많답니다. 그 이유를 설명해 주는 실험을 하나 소개할게요.

실험 참가자인 청소년들은 짧은 영상을 시청해야 했습니다. 영상에는 자기 또래의 남자아이가 엄마에게 비밀을 털어놓는 장면이 담겨 있었어요. 남자아이가 이야기하는 것은 소리로만 들을 수 있었고, 화면에는 아들의 말에 반응하는 엄마의 모습만 나왔습니다.

한 영상에서 남자아이는 친구들에게 소외되어 상처 받았다고 고백했고, 다른 영상에서는 전자담배를 피워 봤다고 이야기했어요. 아들의 말에 엄마는 고개를 끄덕이면서 경청했고, 걱정스러운 표정을 지으면서 "얘기해 줘서 고마

워" "진짜 힘들었겠네"와 같이 말했습니다. 또 다른 버전의 영상에서는 같은 상황이되 엄마의 반응을 바꾸었어요. 아들의 고민 이야기에 냉담한 표정을 지었고 "그래" "다신 하지 마"라며 무심하고 부정적인 반응을 보였죠.

괜히 말했네….
다음부터는 엄마한테 말 안 해야지.

　　실험 참가자들은 영상을 보면서 자신과 부모님의 모습을 떠올렸을 거예요. 영상을 보고 난 후 참가자들은 자신에 대해 얼마나 편하게 느끼는지(자율성), 영상 속 남자아이가 상황 이후에도 엄마에게 자신의 비밀을 이야기할 것 같은지(자기 개방)를 물었습니다. 결과는 어땠을까요? 쉽사리 꺼내기 힘든 이야기를 내보였을 때 부모가 경청하는 자세를 보일수록 자율성이 높아지며 자존감이 올라갔고, 이후에도 자기 개방을 하겠다는 모습을 보였답니다.

말해 봐야 어차피
비난만 하겠지

나는 어떻게
내가 될 수 있을까?

'자기 개방'이란 말은 이해하기 어렵지 않을 거예요. 자기 개방은 말 그대로 내가 생각하고 느끼는 것을 드러내 보이는 겁니다. 상대방과 의사소통을 잘하기 위해서요. 앞선 실험에 따르면 부모가 자녀의 말에 귀 기울일수록 자녀는 속마음을 솔직하게 털어놓을 수 있다는 뜻이죠.

그런데 '자율성을 높인다'는 말을 무슨 의미일까요? '청소년의 자율성을 키워 주는 것이 중요하다'는 말을 자주 하는데, 정작 자율성이 무엇을 의미하는지 잘 모르는 경우가 많지요. '자율성'이란 어쩔 수 없이 해야 하는 상황이거나 다른 사람이 하라고 해서 하는 게 아니라, 내가 하고 싶어서 스스로 행동하고 선택하는 것을 뜻한답니다.

예를 들어, 환경보호를 하는 것이 지구와 지구에 사는 모든 생명체에게 도움이 된다고 생각하는 한 학생이 있다고 해 봅시다. 이 학생은 자신이 정한 가치관에 따라 재활용을 철저히 하고, 일회용품을 쓰고 싶다는 유혹이 들더라도 텀블러나 장바구니를 이용하는 수고를 기꺼이 합니다. 선

가족이
뭐라고

생님이 시켜서 혹은 부모님이 잔소리를 해서가 아니라 자기 의지, 다시 말해 자율성에 따라 행동하는 것이지요. 이러한 자율성은 성취감이나 보람처럼 스스로 하고자 하는 동기를 불러일으키는 데 중요한 역할을 합니다.

> 다 내가 하고 싶어서 하는 일인데?

그렇다면 잘 들어 주는 자세가 어떻게 자녀의 자율성을 높일까요? 미국의 정신과 의사이자 유전학자인 로버트 클로닌저 박사가 개발한 TCI 성격검사에는 후천적인 노력으로 바꿀 수 있는 대표적인 성격 중 하나로 자율성이 등장합니다. 여기서 자율성을 구성하는 두 가지 중요한 기준이 있는데요, 바로 '자기 일치'와 '자기 수용'입니다. 말 그대로 내가 누구인지를 제대로 알고, 스스로를 있는 그대로 인정하면 자율성을 높일 수 있다는 것이지요.

태어나면서부터 내가 어떤 사람인지 알면 좋겠지만 그러기는 어렵잖아요. 우리는 사회적 관계 속에서 다른 사람과 자신을 비교하며 나의 모습을 알아 갑니다. 또 부모님처럼 중요한 관계에서 간섭이나 평가 없이 관심을 받고, 있는

말해 봐야 어차피
비난만 하겠지

그대로 존중받음으로써 자기 자신 또한 스스로를 받아들이게 되죠.

만약 부모님에게 내 모습을 존중받지 못한다면 어떤 일이 벌어질까요? 낯을 가리는 아들이 엄마와 낯선 사람을 만나는 상황을 상상해 봅시다. 아들은 낯선 사람을 보고 두려움을 느낍니다. 엄마 뒤에 숨으려고 하자, 엄마는 "넌 왜 이렇게 소심하니. 사람 만나는 게 뭐 그리 어렵다고!"라며 비난합니다. 이때 아들은 어떤 마음을 품을까요? 이후 비슷한 상황을 마주하면 솔직한 감정을 감추기 위해 애쓸 겁니다. 어색해하는 자신을 자책하면서 말이죠.

스스로를 돌아보면 어떤가요? 만약 여러분이 부모님에게 솔직한 마음을 숨긴다면 그만한 이유가 있을 거예요. 내가 느끼는 감정과 그에 따른 행동이 부자연스럽고 불편하게 느껴지는 것은 애초에 나의 솔직한 마음이 받아들여지지 않았기 때문일 수 있습니다. 하지만 그 상태에 머물러 있으면 앞으로 나아갈 수 없어요. 지금 우리의 모습이 어떻든 내가 나의 모습을 인정할 때 우리는 변화하고 성장할 수 있답니다. 자기가 원하는 대로 생각하고, 행동하고, 결정할 수 있는 것이지요. 나는 그저 내가 되면 됩니다.

가족이
뭐라고

잘 들어 주는 것만으로도 아이의 자율성이 높아진다니 신기하네요. 그러고 보니 동민이가 중학교 때였나, 친구들이랑 담배를 폈다고 말한 적이 있어요. 그때는 놀라기도 하고, 어떻게 반응해야 할지 몰라서 "학생인데 담배는 피우면 안 되지!"라고 말했거든요.

그전까지만 해도 동민이가 저한테 비밀 얘기를 곧잘 했는데, 지금 와서 생각하니 그때 동민이는 솔직하게 털어놓은 거였네요….

윤아쌤

어머님 반응도 이해가 돼요. 별일 아닌 것처럼 넘어가기에는 잘못된 일을 허용해 주는 거 같아 불안한 마음이 들었을 거예요.

동민 어머니

근데 동민이는 제 반응에 비난받는다고 느꼈겠죠? 참 어렵네요. 경청이 중요한 건 알겠는데 막연하게 느껴지기도 해요. 어디서 들었는데, 말끝에 '~구나'를 붙이면 공감 표현이 된다던데 진짠가요?

윤아쌤

음, 반만 맞다고 해야 할까요. 자녀를 수용하려면 무엇보다 아이의 타고난 기질이나 성격을 이해하고 인정하는 자세가 먼저거든요. 그 속에서 자연스럽게 경청과 공감하는 태도도 나오니까요.

동민 어머니

동민이가 어떤 아이인지 잘 아는 게 먼저겠네요. 이제부터 동민이를 유심히 지켜봐야겠어요. 그러다 보면 언젠가 동민이가 제게 다시 마음을 열 날이 오겠죠.

엄마
때문에
커닝한 건데

윤아쌤

서민아, 학교에서 커닝을 하다가 몇 번 지적받았다고 들었어. 쌤은 잘잘못을 따지고 싶은 게 아니라 어떤 마음으로 그랬는지가 궁금해.

서민

그냥 엄마만 부르지 말아 주세요…. 담임쌤 말대로 상담은 받을게요. 커닝도 다신 안 하고요.

윤아쌤

서민이한테는 엄마가 제일 중요한 사람이야?

서민

하…. 엄마가 알면 저 진짜 망해요. 쌤이 담임쌤한테 얘기 좀 해주시면 안 돼요?

윤아쌤

엄마가 알면 많이 혼내실까?

서민

혼나는 거 이상이에요. 어느 정도냐면요, 시험 날 제 성적에 따라 엄마 기분이 달라져요. 잘 봤다 싶으면 여기저기 자랑하는 전화를 하고요. 못 본 날은 하루 종일 똥 씹은 표정이에요. 밥도 안 주고 온 가족한테 짜증을 부려요. 그럼 저는 아빠랑 동생들 눈치가 보여서 숨이 막혀요.

윤아쌤

와…. 엄마 반응이 성적에 따라 극과 극이구나. 서민이가 시험에 목매는 이유가 있었네.

서민

솔직히 커닝할 때 들킬까 봐 무섭고 찔리기도 했거든요? 근데 엄마 반응을 생각하면 너무 무섭고, 딱 죽어 버리고 싶어요.

과보호가
부정행위를 부추길까?

서민이는 커닝을 할 때 겁이 나고 양심에 찔려 했어요. 하지만 성적이 잘 나오지 않았을 때 엄마의 반응을 떠올리자 커닝을 감행할 수밖에 없었죠. 부정행위를 하는 행동보다 엄마의 반응을 보고 견디는 것이 더 괴로웠기 때문입니다. 서민이 어머니는 자녀의 성공에 집착하고, 다른 사람의 시선을 의식해서 자녀를 평가하는 모습을 보입니다. 이러한 부모의 양육 태도는 자녀의 도덕성에 어떤 영향을 끼칠까요? 이를 알아보기 위해 연세대학교에서는 한 가지 흥미로운 실험을 했습니다.

실험 참가자인 대학교 1학년 학생들은 본래 실험의 목적과 다른 소개를 받았어요. 부모와 자녀의 관계가 일을 하는 능력에 어떤 영향을 미치는지 알아보기 위한 연구라고 들었죠. 학생들은 검시지를 풀어야 했는데, 거기에는 몇 가지 조건이 있었어요. 검시지는 스스로 채점한 후 점수만 제출하면 되었습니다. 또한 높은 점수를 받은 일부에게는 선물을 주고, 낮은 점수를 낸 일부는 추가 설문에 응답해야 했

가족이
뭐라고

어요. 마지막으로 실험 전에 평균 시험 점수를 실제보다 높여서 미리 알려 주었습니다.

사실 이 조건들은 도덕적 딜레마를 유도하기 위한 것이었어요. 학생들이 스스로 경쟁심을 느끼며, 자신의 점수를 실제보다 높여 보고하도록 상황을 꾸민 것입니다. 실험에 따르면 부정행위를 한 학생들은 부정행위를 하지 않은 학생들에 비해 부모의 과보호 수준이 높다는 사실을 알 수 있었습니다. 특히 체면을 중시하고 자녀와 자신을 동일시하는 모습을 보이는 것으로 나타났어요.

도덕성도 보고 배우는 거야

도덕성은 타고날 것 같지만 그렇지 않아요. 인간의 본성을 두고 성선설이냐 성악설이냐는 논의가 여전한 것만 봐도 그렇죠. 한 사람이 태어나 사회의 법이나 의무를 받아들이고 실천하기까지는 단계가 필요합니다. 도덕성도 학습이 필요한 것이지요. 옳고 그름을 이해하고 판단하는 데에는 유전 못지않게 가정이나 학교, 문화 등 어떤 환경에서 자라왔는지도 중요하답니다.

엄마 때문에
커닝한 건데

내가 뭘 잘못했는데? 우리 집에선 다 그래.

    몇 년 전 엄청난 인기를 끌었던 드라마 〈SKY 캐슬〉은 부모의 양육 태도가 자녀의 도덕성 발달에 끼치는 영향을 잘 보여 줍니다. 드라마에는 딸 예서를 서울대 의대에 보내는 것이 자기 인생에서 가장 중요하다고 여기는 예서 엄마 한서진이 나오죠. 서진은 딸의 성공을 자신의 것처럼 여깁니다. '대학병원 정형외과 교수 와이프이자 전교 1등 딸을 둔 엄마'인 스스로를 "세상 모든 여자들이 부러워할 만한 한서진"이라고 말하며 사회적 평판에 목숨을 걸어요. 그런 자신의 행동이 딸들을 위한 것이라고 굳게 믿으면서요.

    엄마의 가치관을 정답이라 믿는 예서는 성적을 위해서라면 친구들을 비웃는 건 물론이고, 자신의 목표에 방해가 되면 이기적인 태도를 보이는 데 거침이 없습니다. 둘째 딸 예빈이는 학원 앞 편의점에서 상습적으로 도둑질을 하죠. 서진은 예빈이가 도둑질한다는 걸 알고 있어요. 그러나 훈계하거나 왜 그랬는지 묻는 대신 몰래 일을 수습합니다. 그러고는 "도둑질한 게 아니라 스트레스를 푼 거야"라며 아이

가족이
뭐라고

의 잘못된 행동을 합리화해요.

물론 드라마이기에 극적으로 과장된 부분도 있을 겁니다. 하지만 청소년의 윤리 의식이나 가치관이 사회적 분위기와 어른들에게서 많은 영향을 받는다는 것은 부정할 수 없는 사실이에요.

여러분이 서민이 입장이라면 어떻게 할 것 같나요? 무척이나 어려운 문제지요. 청소년기는 부모의 그늘이 큰 만큼 거기에서 벗어나기란 쉽지 않으니까요. 그러나 내가 하는 크고 작은 선택들이 하나둘씩 쌓여서 '나다운 사람'을 만들어 가는 거랍니다. 지금은 부모의 탓, 세상의 탓을 할 수 있겠지만 이대로 시간만 흐르다 보면 나는 그저 양심의 가책을 느끼지 못하는 사람이 될 뿐이에요. 여러분은 어떤 사람이 되고 싶나요? 지금부터라도 그 모습에 부합할 수 있도록 부모님이 아닌 내 마음이 불편하지 않은 선택을 해 보았으면 해요.

엄마 때문에
커닝한 건데

담임선생님

생각이 많아지네요. 몇 번 지적했는데도
서민이가 계속 부정행위를 하길래 '문제가 있는
애'라고만 여겼거든요. 화가 나고 답답해서
몰아세우기도 했고요.

그런데 정작 서민이 마음이
어떤지는 물어보질 않았네요….

윤아쌤

애정이 있어서 더 화나고 답답하셨을
거예요. 관심이 없었다면 잘못을 방치했겠죠.
심리상담을 권하지도 않았을 거고요.

담임선생님

어른들 책임이 크다는 걸 느껴요.
마음이 무겁네요.

윤아쌤

〈SKY 캐슬〉에서 우주 엄마는 도둑질한
예빈이를 혼내고, 이유를 묻고, 마음을
알아주려고 하잖아요. 예빈이는 그런
우주 엄마 품에 안겨 울고야 말죠.

지금이라도 선생님께서 서민이의 마음을
진심으로 보듬어 주시면 어떨까요?

4장

이번 생은
망했으니까

공부 못하면
인생
끝이랬어

윤아쌤

공황장애 진단을 받았다고 했지. 사빈이가 이렇게 아픈 건 공부를 잘해야 한다는 생각 때문인 거 같아.

사빈

다들 그러잖아요. 엄마 아빠도, 학교랑 학원 쌤들도 지금 열심히 해야 대학을 잘 갈 수 있고, 그래야 행복해질 수 있대요. 근데 열심히 해도 성적은 안 나오고 책상에 앉아 있으면 더 불안하기만 해요. 쌤, 저 어떡해요?

윤아쌤

그동안 얼마나 힘들었을지 생각하니 너무 속상하다. 근데 사빈이도 어른들 말처럼 생각해? 지금 불행해도 공부를 잘하면 나중에 행복해질 거 같아?

사빈

사실 잘 모르겠어요. 새벽 두 시까지 책상에 앉아 있긴 하는데, 자꾸 잡생각이 들어서 집중이 안 돼요. 중학교 때까지는 애들이랑 어울려 놀면서도 성적이 꽤 괜찮았거든요.

윤아쌤

그럼 노는 날 없이 공부만 하는 거야?

사빈

네. 불안해서요…. 예은이라고 반에서 1, 2등 하는 친구가 있거든요? 걔는 애들이랑 쉬는 시간마다 떠들고, 시험 끝나면 꼭 놀러 가요.

저는 걔보다 더 열심히 하는 것 같은데 성적은 항상 더 낮아요. 너무너무 불행해서 어떻게 해야 할지 모르겠어요.

행복하면
성적이 떨어질까?

청소년들이 공부 때문에 힘들다고 하면 어른들은 꼭 미래의 행복을 이야기합니다. 지금은 힘들어도 꾹 참고 열심히 공부하면 나중에는 행복할 수 있다고 하죠. 일단 대학에 가면 연애든 여행이든 하고 싶은 건 뭐든 하며 재미있게 살 수 있다고 해요. 지금 불행을 감내해야 성적을 올릴 수 있고, 미래의 행복으로도 이어진다는 건데요. 이 말은 공부를 잘하려면 지금의 행복은 포기해야 한다는 것처럼 들립니다. 행복과 학업 능력은 어떤 연관이 있을까요? 이를 설명해 주는 연구가 있습니다.

국내 연구팀은 3,000명이 넘는 학생들을 중학교 2학년 때부터 고등학교 3학년 때까지 추적 조사했어요. 학생들이 중학교 2학년일 때, 지금 느끼는 행복도와 학업성취를 물었습니다. 그리고 4년 뒤에 어떤 변화가 있는지 살펴보았죠. 결과는 아주 흥미로웠어요.

중학교 2학년 때 자신의 삶에 만족한다고 생각한 학생일수록 고등학교 3학년이 되었을 때 스스로 공부를 잘한다

이번 생은
망했으니까

고 여겼어요. 실제로 전교 석차도 더 높은 것으로 나타났습니다. 평균적으로는 나이가 들어 가면서 삶의 만족도가 점차 낮아졌어요. 그 이유는 짐작해 볼 수 있겠죠? 그런데도 상대적으로 행복도가 적게 감소한 학생들은 고등학교 3학년이 되었을 때 공부를 더 잘하게 되었다는 걸 알 수 있었답니다.

고3은 원래 불행한 거 아니었어?

연구팀은 나아가 고등학교 3학년 때 긍정적인 감정을 많이 느끼는 것이 대학교에 가서 학업이나 목표를 달성하는 데 어떤 영향을 미치는지도 살펴봤어요. 이번에도 역시 비슷한 결과가 나왔습니다. 고등학교 3학년 때 슬픔이나 두려움 같은 부정적 정서보다 즐거움, 유쾌함 등의 긍정적 정서를 더 많이 느낀 학생일수록 대학생이 되어서 공부를 더 잘하는 것으로 나타났죠. 또한 스스로 세운 목표도 더욱 많이 달성했습니다. 반면, 고등학교 3학년 때 성적이 좋고 집안의 경제 수준이 높다고 해서 대학생이 되었을 때 더 좋은 결과를 내는 건 아니라는 것도 알 수 있었어요.

공부 못하면
인생 끝이랬어

어른들은 '인내는 쓰고 열매는 달다' '4시간 자면 붙고 5시간 자면 떨어진다'라는 말로 청소년들이 느끼는 학업 스트레스나 압박감을 성취를 위해 당연히 감내해야 하는 희생으로 치부하곤 합니다. 하지만 연구 결과가 보여 주는 현실은 다르죠. 지금의 희생이 미래의 행복을 보장해 주지 않았으니까요. 물론 원하는 결과를 위해 노력해야 하는 것은 당연합니다. 하지만 지금 내가 누려야 할 작은 행복마저 포기하는 것이 결코 좋은 결과를 이끌어 내진 않는다는 겁니다.

잘해야 한다는 마음보다 중요한 것

드라마 〈펜트하우스〉는 대한민국에서 이른바 '엘리트 코스'를 밟아 나가기 위해 학생들이 어떤 과정을 거쳐야 하는지, 그 이면을 잘 보여 줍니다. 천서진은 딸 하은별도 자신처럼 성공하기를 바라면서 딸이 얼마나 큰 부담과 불안을 느끼는지는 알려고 하지 않아요. 서진은 "자지 말고 무조건

공부 못하면
인생 끝이랬어

공부하고 연습해! 남들만큼 해서 서울대 음대를 어떻게 가니?"라고 하며 이렇게 덧붙입니다. "지원 못 받는 애들이 얼마나 많은데, 넌 모든 조건을 갖췄잖아!"

그러나 앞서 살펴본 연구에 따르면 서진의 말은 설득력이 부족해 보입니다. 학생들이 훗날 얼마나 공부를 잘하는지는 사교육의 정도나 부모의 사회경제적 지위로도 설명되지 못했으니까요. 안타까운 점은 이런 사실을 모른 채 드라마 속 은별이를 비롯한 현실의 수많은 청소년이 스스로를 탓하고 있다는 겁니다. '내가 나를 더 몰아붙였어야 했나?' '내가 다른 애들보다 사교육을 더 많이 받는 거 같은데' 하면서 말이죠.

미래를 확신할 수 있는 건 아무도 없어!

심리상담을 하다 보면 사빈이와 비슷한 상황에 놓인 청소년을 많이 만납니다. 중학교 때 공부를 잘했는데 고등학교에 가서 점점 성적이 떨어졌다거나, 수능 때 기대했던 만큼 결과를 얻지 못해서 스스로 자책하며 삶을 비관하는 모습을 숱하게 보곤 하죠.

이번 생은
망했으니까

저 역시 선생님들이 하라는 대로 하루 종일 책상에 앉아서 학창 시절을 보냈어요. 열심히 공부했지만 엄청난 좌절감을 느껴야 했습니다. 그건 더 열심히 하지 않은 저의 잘못이었을까요? 저는 그렇게 생각하지 않아요. 잘해야 한다는 마음에서 비롯되는 두려움과 불안감은 성적은 물론이고 삶에 대한 만족감과 무엇이든 할 수 있다는 자신감마저 앗아 가니까요. 그렇기에 미래의 행복 못지않게 지금 느끼는 행복도 중요합니다.

여러분은 무엇을 할 때 편안하고, 즐겁고, 살아 있길 잘했다는 느낌을 받나요? 저의 학창 시절을 돌이켜 보면, 친구들과 시답지 않은 농담을 하면서 눈물이 그렁그렁 맺힐 때까지 웃거나 쉬는 시간만 기다렸다가 친구와 수다를 떨면서 화장실에 가는 게 소소하지만 기분 좋은 기억으로 남아 있어요. 여러분이 느끼는 행복도 거창한 데 있지는 않을 거예요. 보고 싶었던 영화를 보러 부모님과 영화관을 간다든가, 친구들과 카페에서 맛있는 디저트를 먹는다든가 하는 것이겠지요. 이런 작고 소중한 기억들이 모여 이 끝날 거 같지 않은 시험의 무한 굴레를 버틸 수 있게 하는 것 아니겠어요?

공부 못하면
인생 끝이랬어

연구 결과를 들으니 제가 중학교 때 성적이 더 좋았던 이유를 알 거 같아요. 그때는 친구들이랑 틈나면 놀기도 하고, 서로 힘들다고 하소연도 했거든요. 근데 오히려 공부할 땐 집중이 잘됐어요.

나중을 위해 견디기만 하는 건 여러모로 제 삶에 별 도움이 안 되는 거 같아요.

잘 이해했는데? 〈펜트하우스〉를 보면서는 어떤 생각이 들었어?

은별이처럼은 되고 싶지 않다고 생각했어요. 성적이 잘 나오면 뭐해요. 불행하고 불안정하잖아요. 은별이가 점점 자기 엄마처럼 '성공할 수만 있으면 뭐든 해도 된다'고 생각하는 것도 무섭더라고요.

그래, 은별이도 자기가 불행한지 깨닫지 못하고, 미래를 위해 어른들 말만 듣고 견딘 거 같아.

그렇게 생각하니까 공감도 되고 안됐다는 마음도 드네요. 지금 행복해야 성적도 더 잘 나오는 거라면, 이 기분에만 갇혀서 전전긍긍할 필요가 없겠다는 생각이 들어요.

막막하고 갑갑하기만 했는데 쌤 덕분에 실마리를 찾은 거 같아요!

폭식하면
기분이
좋아지거든

윤아쌤

효민아, 안색이 안 좋은데 괜찮아?

효민

체기가 있어서 속이 좀 안 좋아요.

윤아쌤

요새 자주 체하는 거 같아서 걱정이네.

효민

사실 요즘 심심하면 자꾸 뭘 먹거든요? 그래서인지 늘 더부룩해요. 어이없는 게, 이러면 안 먹어야 되잖아요? 살찔까 봐 걱정하면서도 또 먹어요. 저 왜 이래요, 쌤?

윤아쌤

진짜 배가 고파서 먹는 게 아닐 수 있어. 몸이 힘든 걸 알면서도 계속 먹는다면 마음이 허하다는 신호일 수 있거든. 보통 어떨 때 더 먹게 되는 거 같아?

효민

글쎄요. 심심하고 막막할 때요? 요새는 뭘 해야 할지 모르겠는 기분이에요.

윤아쌤

그럴 때는 뭘 주로 먹어?

효민

초콜릿이나 과자, 빵 이런 달콤한 음식이 엄청 땡겨요. 먹다 보니 3킬로그램이나 쪘잖아요. 다이어트해야 하는데, 망했어요.

우울하면 입맛이 당길까?

우울하고 불안한 날은 왜 입맛이 더 당길까요? '기분이 저 기압일 때는 고기 앞으로' '스트레스 해소에는 매운 음식'이 라는 말도 있잖아요. 스트레스를 받으면 평소보다 과식하 거나 폭식하기도 쉽습니다. 왜 기분이 좋을 때보다 좋지 않 을 때 음식 생각이 많이 드는 걸까요? 기분이 식사에 영향 을 주는지 알아본 실험이 있어요.

실험은 감정적 식사를 하는 학생과 감정적 식사를 하지 않는 보통의 학생으로 나누어 진행되었어요. 여기서 '감정 적 식사'란 배고픔이 아닌 스트레스를 풀기 위해 먹는 것을 말한답니다. 학생들은 공복 상태로 각각 기쁜 감정과 슬픈 감정을 일으키는 영화의 장면을 가상현실로 체험했어요. 영화가 주는 정서를 최대한 느낄 수 있게 상황을 조성한 것 이었지요.

이후 학생들은 또 다른 방으로 이동했습니다. 그 방에 는 사과, 바나나, 포테이토칩, 시리얼바, 짭짤한 땅콩, 달콤 한 땅콩 같은 음식이 있었어요. 각자 음식마다 얼마만큼 먹

이번 생은
망했으니까

고 싶은지를 질문지에 표시하도록 했습니다. 그러고 난 후 쉬는 시간에 음식을 자유롭게 먹게 했어요. 사실 질문지는 실험과 관련이 없었어요. 서로 다른 정서를 일으키는 영화를 본 뒤 먹고 싶은 음식을 자유롭게 먹게 했을 때, 학생들이 어떤 음식을, 또 얼마나 먹는지 지켜보는 게 목적이었습니다.

실험 결과를 알아볼게요. 보통의 학생들은 기쁜 감정과 슬픈 감정을 느꼈을 때 비슷한 양의 음식을 먹었어요. 그러나 평소 감정적 식사를 하는 학생들은 다른 모습을 보여 주었죠. 기쁨을 느낄 때와 비교해 슬픈 감정을 느꼈을 때 음식을 훨씬 더 많이 먹었거든요. 또한 감정적 식사를 할 때는 짠 음식보다는 단 음식을 더 찾았다는 것도 알 수 있었답니다.

이상하다. 우울한데 왜 허기가 지지?

폭식하면
기분이 좋아지거든

배불러도 먹는 걸 멈출 수 없어

뇌에는 시상하부라는 곳이 있어요. 이 부위는 뇌 전체에서 1퍼센트 이하를 차지하는데요. 하지만 우리가 의식적으로 통제하지 못하는 여러 신체 시스템을 조절하는 데 매우 중요한 역할을 한답니다. 시상하부는 특히 식욕을 관장하는 식욕 중추이기도 해요. 배가 고프면 식욕을 부르는 호르몬을 분비해서 우리에게 무언가를 먹으라고 명령합니다. 반대로 음식을 충분히 먹어 포만감이 들면 식욕을 막는 호르몬을 분비해 식사를 멈추게끔 하죠.

뇌에는 자연스러운 신호에 따라 식욕을 조절하는 부위만 있는 게 아니에요. 보상 물질에 반응하는 보상 회로도 있답니다. 무슨 말인지 어렵다고요? '보상'이라는 말이 힌트예요. 보상 회로는 단 음식처럼 감정적으로 의존하게 되는 보상 물질에 의해 활성화됩니다. 그리고 도파민이라는 신경 전달 물질을 분비하죠.

도파민은 뇌신경 세포에 흥분을 전달하는데요. 초콜릿을 먹었을 때 느끼는 짜릿하고 행복한 감정이 바로 이 도

이번 생은
망했으니까

파민 때문입니다. 그러나 울적할 때마다 단 음식을 찾다 보
면 쾌락은 오래가지 못해요. 우리 몸이 도파민에 익숙해지
면서 점점 더 강한 자극을 원하게 되기 때문이죠. 바로 중독
현상이 생기는 거예요.

실제로 한 실험에서는 달콤한 밀크셰이크를 마셨을 때
와 물을 마셨을 때 뇌가 어떻게 변하는지 알아보았어요. 이

폭식하면
기분이 좋아지거든

를 기능성 자기공명영상(fMRI)으로 살펴봤는데요. 뇌 반응에서 음식 중독 성향이 높은 사람들은 밀크셰이크를 마셨을 때, 담배나 마약을 했을 때 활성화되는 쾌락 중추가 활성화되는 모습을 보였답니다. 다시 말해 음식도 중독이 될 수 있다는 뜻이에요.

> 슬프고 화나고 속상하고 답답할 때
> 음식만큼 효과 빠른 약이 어딨어?

음식을 불편한 감정을 잠시 잊기 위한 마취제로 사용하다 보면 효민이처럼 문제를 겪게 될 수 있어요. 몸에 여러 가지 부작용이 나타날 뿐만 아니라, 배가 불러도 왜 자꾸 먹게 되는지 진짜 이유를 알 수 없어 혼란스러워지죠. 그렇다면 음식이 아닌 다른 해결책은 없을까요? 정체를 알 수 없는 이 허전함은 어떻게 달래야 하는 걸까요?

이번 생은
망했으니까

내 감정을 아는 게 중요해

이큐(EQ)라는 말을 한 번쯤 들어 봤을 거예요. 흔히 똑똑함의 척도라고 알려진 아이큐(IQ)는 지능 지수를 말합니다. 아이큐에 맞춰 등장한 것이 이큐인데요, 이큐는 정서지능을 점수를 매겨 나타낸 감성 지수이지요. 정서지능은 나를 비롯한 다른 사람의 감정을 읽어 내고, 이를 바탕으로 적절하게 행동하는 능력을 말해요. 정서지능의 한 요소로 '정서인식 명확성'이라는 것도 있어요. 조금 복잡하게 들리지만 말 그대로예요. 자신이 느끼는 정서를 정확하게 이해하고 무엇인지 말할 수 있는 능력이랍니다.

배고프지 않은데 왜 자꾸 먹게 되지?
지금 내가 느끼는 이 감정은 대체 뭐야.

스트레스를 받을 때마다 음식을 찾는 폭식 행동을 멈추려면 정서인식 명확성이 필요해요. 지금 내가 느끼는 기분 상태를 분명하게 알기만 해도 감정적 폭식을 줄일 수 있습니다. 감정을 안다고 뭐가 달라지겠냐 싶지만 사실 굉장히

폭식하면
기분이 좋아지거든

중요한 일이에요.

태어나면서부터 자신의 감정을 '외롭다' '슬프다' '화난다' 등의 단어로 표현할 수 있는 사람은 없죠. 예를 하나 들어 볼게요. 어릴 적 친구 무리에서 소외당했을 때 엄마가 "얼마나 속상하고 서러워. 친구들이 같이 안 놀아 줘서 외로웠지" 하고 마음을 알아주면 비로소 그때까지 느끼던 불쾌한 감정을 '속상함' '서러움' '외로움'이라고 정의할 수 있게 됩니다. 이처럼 정서인식 명확성은 부모님이나 또래 친구를 비롯한 사회적 관계 속에서 자연스럽게 발달해요.

슬프게도 현실은 그렇게 아름답지 않죠. 내 마음을 이해받고 존중받는 일보다 비난받는 일이 더 많은 것 같잖아요. 답답함에 한숨을 푹 쉬면 어른들은 "너는 어린 애가 왜 그렇게 한숨을 쉬니?" "공부가 뭐 그렇게 힘든 거라고. 나 때는 말이야…"라는 말을 하기 일쑤입니다. 이렇게 내가 느끼는 감정을 누군가에게 계속 가로막히다 보면 어떻게 될까요? 내가 어떤 감정을 느끼는지 제대로 인식하기도 전에 '이런 부정적인 감정을 느끼는 건 안 좋은 거야'라고 생각하게 되면서 감정 자체를 부정하게 되죠.

내 마음을 알아주기 위해서는 주변 사람들에게 도움을 요청하거나, 심리상담을 받으면 좋아요. 그것이 여의치 않

이번 생은
망했으니까

다면 스스로에게 '마음 읽어 주기'를 해 보는 것도 좋은 방법입니다. 나도 모르게 초콜릿처럼 단 음식에 자꾸만 손이 간다면 잠시 멈춰서 생각해 보는 거예요. 초콜릿이 먹고 싶어진 데는 어떤 감정이 있었는지 떠올려 보는 겁니다. '내가 어떤 상황에 놓여 있었지? 그때 기분이 어땠지? 그렇다면 내가 힘들 수 있었겠구나' 하고요.

폭식하면
기분이 좋아지거든

윤아쌤

심심하고 막막할 때 음식이 당긴다고
했잖아. 그때 어떤 기분이었어?

효민

음…. 친한 친구들이 미술을 하고 춤을
추거든요. 한창 입시 준비하는 시기니까
이제 걔들도 학원 가느라 바빠졌어요.

원래 학교 끝나면 맨날 같이 놀다가 혼자
남으니까 저도 진로 고민이 많아졌어요.
친구들이 자기 꿈에 열중하는 게 멋있고
부럽기도 하더라고요.

윤아쌤

친구들이 갑자기 바빠지니 효민이가 많이
외로웠겠다. 조급한 마음도 들었겠고.

효민

조급한 마음이 맞는 거 같아요. 어제 엄마랑 진로
얘기를 했는데, 공무원이나 교사 같은 안정적인
직업을 찾아보는 게 어떻겠냐고 하시더라고요.

아직 딱히 하고 싶은 게 없으니 그럴까
하다가도, '나도 꿈이란 게 있으면 좋을
텐데' 하는 답답한 마음이 들어요.

윤아쌤

효민이가 고민이 엄청 많았구나.
단 게 당기는 이유가 있었네!

효민

초콜릿이 자꾸 당겨서 내 몸은 왜 이
모양인지 짜증만 났거든요. 알고 보니
제가 그만큼 힘들었나 봐요.

윤아쌤

벌써 스스로 감정을 인식하기
시작한 거야? 이야, 멋지다!

효민

평소 같으면 이제 초코우유 먹을
시간이거든요. 근데 오늘은 안 마셔도
될 거 같아요. 내 마음을 알게 돼서인가,
맘이 한결 편해졌어요!

죽으려고
자해한 건
아니야

윤아쌤

유빈아, 손목에 상처가 늘었네.
아프지 않았어?

유빈

손목 그을 때는 스트레스받는 게
더 커서 아프진 않아요.

윤아쌤

이제 더는 안 그러는 줄 알았는데.
그 사이에 무슨 일이 있었던 거야?

유빈

어디서부터 말해야 할지 모르겠어요. 쌤이랑 더 이상
자해 안 하기로 약속해서 엄청 참았는데요. 이번에는
아빠 때문에 너무 화나서 참을 수가 없었어요.

더 짜증 나는 건 아빠가 자해한 자국을
보더니 엄청 화내는 거예요. 엄마는 자기랑
같이 죽자면서 울고. 저는 답답하고….

윤아쌤

화가 나면 그 순간 자해하고 싶은
마음을 참을 수가 없구나.

유빈

그렇긴 한데요. 화날 때 감정을 어떻게
해야 할지 몰라서 그런 거지, 죽고 싶은 건
아니거든요? 근데 부모님은 제가 자해한 것만
보고 난리니까, 그것 때문에 정말 죽고 싶어져요.

충동 행동은 시작하면 멈추기 힘들어

청소년 심리상담을 하다 보면 유빈이처럼 자해 행동을 하는 친구들을 종종 만납니다. 손목이나 손등, 팔, 다리 등을 날카로운 도구로 긋거나 손톱으로 살을 뜯어내 생긴 상처를 보게 되죠. 몇 년 전부터는 자해가 청소년들 사이에서 유행처럼 퍼졌습니다. 일명 '자해놀이'로 불리며 자해한 모습을 사진으로 찍어 SNS에 인증했는데요. 놀이라고 일컫는 이 위험한 장난을 그저 장난으로 받아들이기는 어렵습니다. 정말 많은 아이들이 실제로 자해를 시도하고 있으니까요.

2019년 중·고등학생을 대상으로 조사하니 약 23퍼센트가 자해 경험이 있다고 답할 정도였죠. 처음 자해하는 시기는 12세 즈음으로 중학생도 되지 않은 나이였습니다. 자해 문제로 상담하는 청소년들도 해마다 늘고 있어요. 2018년에는 2015년보다 일곱 배 증가한 약 3만여 건에 달했답니다.

이번 생은
망했으니까

청소년의 자해시도를 단순히 '중2병의 허세'라고 비꼬거나 정신 질환을 앓는 일부 아이들의 행동으로만 볼 수는 없어요. 한 번 자해한 아이 중 60퍼센트가 다시 자해한다는 연구 결과도 있으니까요. 자해를 어쩌다 한 번 일어난 일로 넘겨서는 안 됩니다. 왜 이런 행동을 하는지 그 원인이 되는 마음을 자세히 들여다봐야 해요.

중앙대학교 연구팀은 자해시도를 하는 이유를 알아보기 위해 실험을 했습니다. 자해 경험이 있는 학생과 자해 경험이 없는 학생 들을 대상으로 했죠. 학생들은 모니터를 보면서 두 가지 과제를 해내야 했어요.

첫 번째 과제는 세 명이 공을 주고받는 단순한 게임이었는데요, 막상 게임이 시작되자 참가자 학생은 패스 기회를 거의 받지 못합니다. 30번 중 단 3번만 패스를 할 수 있었어요. 나머지 시간에는 다른 두 명이 공을 주고받는 모습을 지켜보기만 해야 했죠. 이때 참가자 학생은 어떤 감정에 휩싸였을까요? 짜증, 불안, 질투, 포기 같은 부정적인 감정

죽으려고
자해한 건 아니야

이 치밀었을 겁니다.

사실 셋 중 둘은 실험 참가자가 아닌 컴퓨터 프로그램이었어요. 참가자 학생이 소외당하는 상황을 만들어 부정적인 감정이 생겨나도록 한 것이지요. 한편, 아무런 조작이 없는 조건에서 게임을 한 학생들에게는 공평하게 패스할 기회를 주었어요.

두 번째는 멈춤 신호에 맞춰 버튼을 누르는 과제였습니다. 학생들은 모니터에 뜬 화살표 방향에 맞춰 알맞은 버튼을 눌러야 했어요. 화살표가 제시된 이후 '삐' 하는 소리가 들릴 때는 버튼을 누르지 말아야 했답니다. 버튼을 정확한 타이밍에 누르고, 누르면 안 될 때는 멈추는 것이 중요했어요. 충동을 얼마나 참고 조절할 수 있는지 확인하기 위한 과제였지요.

자, 이제 실험 결과가 어땠는지 살펴볼까요? 멈춤 신호 과제에서 자해 경험이 있는 학생들은 자해 경험이 없는 학생들과 비교했을 때 비교적 반응 시간이 더 빨랐어요. 하지만 정확도는 떨어졌습니다. 자해를 하는 사람일수록 충동성이 높다는 걸 알 수 있었죠. 여기에 더해 공 던지기 게임에서 소외감을 느낀 학생들의 경우, 멈춤 신호 과제를 할 때 더 많은 오류를 냈어요. 반응 시간 역시 더 늦는 모습을 보

이번 생은
망했으니까

였고요. 자해시도를 하는 사람이 부정적인 감정을 느낄 만한 상황에 놓이면, 일단 시작한 행동을 멈추기가 어렵다는 것을 알 수 있었답니다. 유빈이처럼 화가 나서 충동적으로 자해하는 행위를 시작하면 중간에 멈추기가 어렵다는 뜻이에요.

나는 왜 나를 아프게 할까?

자해는 스스로 자기 몸을 다치게 하는 행위를 말하죠. 그래서 흔히 자해라고 하면 자살시도로 생각하지만, 자해를 한다고 해서 꼭 죽을 의도가 있는 건 아니랍니다. 유빈이처럼 죽고 싶지 않더라도 자해를 하기도 하니까요. 이처럼 자살 의도가 없는 자해를 '비자살적 자해'라고 부릅니다. 그렇다면 왜 이렇게 죽을 수도 있는 위험천만한 행동을 하는 걸까요?

자해와 자살이 어떻게 다른지 알아본 연구가 있습니다. 가톨릭대학교 연구팀은 인터넷에서 2019년부터 2020년까

죽으려고
자해한 건 아니야

지 자해와 자살 관련 게시물을 수집해 각각의 게시물에서 나타나는 단어의 사용 빈도, 연관된 단어, 화제 등을 살펴보았어요. 이를 바탕으로 감정을 분석하는 텍스트 마이닝(text mining)을 했는데, 흥미로운 사실을 발견했답니다.

자해 관련 게시물에서는 우울, 불안, 자기 비하 같은 부정적 정서와 연관된 단어가 많이 등장했어요. 반면 자살 관련 게시물에서는 '죽음'과 연관된 단어가 주로 쓰였습니다. 연구진의 해석에 따르면 자해는 자신이 느끼는 부정적인 감정을 해결하려고 하는 시도에 가까웠어요. 자살이 삶은 포기하는 태도를 드러낸다면, 자해는 다른 누군가에게 도움을 구하고자 하는 '도움추구 태도'로 보였죠. SOS, 즉 구조 신호를 보내는 것이나 마찬가지인 겁니다. 결국 자해시도는 부정적인 감정을 표출함으로써 스트레스에 대처하는 하나의 방식인 셈이지요

내가 나를 아프게 하는 건
구해 달라는 비명이나 마찬가지라고.

분노를 이기지 못해 물건을 던지거나, 일부러 몸을 어

죽으려고
자해한 건 아니야

딘가에 부딪히거나, 사소한 말다툼에 몸싸움으로 대응하는 또래의 모습을 본 적이 있을 거예요. 결과가 좋지 않을 것이 뻔한데, 왜 이런 행동을 하는 걸까요? 그건 바로 충동 때문입니다. 청소년기는 충동성이나 공격성을 조절하는 뇌 부위인 전두엽이 아직 발달하고 있는 시기랍니다. 자신의 행동이 어떤 결과를 가져올지 인지하지 못하고 마음 가는 대로, 그 순간의 만족감을 위해 움직이는 거예요.

2022년까지 10년 동안 청소년이 사망한 원인 1위는 고의적 자해라고 합니다. 중요한 것은 여기서 몇 퍼센트나 자살 의도가 없는 자해시도였는지 알 수 없다는 거죠. 자살 의도가 없었더라도 위험성을 예측하지 못한 충동적인 자해시도는 죽음을 초래할 수 있답니다.

내 안의 부정적인 감정이 충동 행동을 일으키고, 나를 아프게 상처 입히고, 어쩌면 나를 해할 수도 있다는 걸 알겠죠? 그럼 순간적으로 불같이 화가 일어날 때는 어떻게 대처해야 할까요?

자해하고 싶은 마음이 들 때는 억지로 참으려 하기보다는, 주의를 분산할 수 있는 다른 활동으로 얼른 환기를 하는 게 좋아요. 내가 자해를 익숙하게 해왔던 환경에서 벗어나는 것만으로도 도움이 될 수 있습니다. 주로 내 방에서 자

이번 생은
망했으니까

해를 했다면, 집 밖으로 나가서 사람이 많은 카페를 간다든가 무작정 산책을 하는 것으로도 한숨을 돌릴 수 있어요. 숨이 벅찰 정도로 운동장을 뛰거나 코인 노래방에 가서 목이 쉴 때까지 노래를 불러 보는 것도 좋아요. 부정적인 에너지를 다른 곳으로 분출해 보는 거죠. 상황이 가능하다면 도움을 청할 수 있는 친구나 가족에게 연락해서 잠시 대화를 나누며 내 마음을 돌아볼 여유를 가질 수 있을 거고요. 처음에는 또다시 자해하고 싶은 욕구가 들 수 있어요. 하지만 포기하지 않고 시도하다 보면 자해가 아닌 다른 방식으로 내 감정을 표현하는 법을 배우게 될 거예요.

죽으려고
자해한 건 아니야

유빈 어머니

선생님 말씀을 듣고 보니, 유빈이는 그 행동을 일단
시작하면 제어가 안 되는 것 같아요. 예전에 한 번은
말리다가 애 아빠랑 몸싸움까지 났거든요.

윤아쌤

지금은 충동을 억제하는 게 쉽지 않을 거예요.
그래도 유빈이는 죽고 싶은 마음에서 자해하는
건 아니니까요. 그 순간이 고통스러워서 어떻게든
감정을 내보이고 싶은 것 같아요. 그래야만
부모님이 자기 마음을 알아줄 것 같으니까요.

유빈 어머니

자살 의도가 없었더라도 죽음으로 이어질 수
있다고 하니 불안한 마음이 앞서긴 해요.

윤아쌤

어려운 문제 같아요. 다그치거나 무작정
혼내면 아이는 숨어서 몰래 자해할 테고,
그러면 더 큰 위험에 처할 수도 있죠.
그렇다고 놔두자니 아이가 위험해지도록
방임하는 게 아닌가 하는 생각이 들 거고요.

유빈 어머니

맞아요. 제가 어떻게 하면 좋을까요?

윤아쌤

자해 행동에만 초점을 맞추면 아이가
어떤 마음으로 그랬는지는 놓치기 쉬워요.
유빈이가 뭐 때문에 화가 나고 속상했는지
직접 물어봐 주세요.

처음에는 얘기를 못하더라도, 자기 감정을
이야기하는 습관이 들고 이해받는 경험을 하다
보면 굳이 자해하지 않아도 감정이 해소될 수
있다는 걸 유빈이 스스로 알게 될 거예요.

마음은 죄가 없어요

나이가 들어 이십대가 되고 삼십대가 되면 내 마음을 다 알 것 같나요? 애석하게도 그렇지 않답니다. 상담을 하다 보면 청소년 시기에 겪을 만한 혼란이 해결되지 않은 채 몸만 커 버린 성인들을 많이 만나요. 어른들이 하라는 대로 공부하는 데 에너지를 몽땅 쓰다가 취직을 하고서야 이 일이 과연 내 적성에 맞는지 고민에 시달리죠. 갑자기 우울감을 느끼며 '멘붕'에 빠지기도 하고요.

어쩌면 당연한 일입니다. 마음에 관해서는 누가 알려 준 적도 없고 제대로 배워 본 적도 없으니까요. 게다가 어렵게 꺼낸 고민 이야기에 "그 나이에는 다 그래. 크면 저절로 괜찮아져"라는 무신경한 답변이나 "공부나 할 것이지 쓸데없는 생각을 하고 있어. 그 시간에 책이라도 한 자 더 봐!"라는 잔소리 폭격이 날아왔을 테니까요.

그러나 여러분이 느끼는 혼란스러움은 잘못된 것이 아니랍니다. 책에도 썼듯이 청소년기는 몸이 급격히 성장

마치며

하고 뇌도 변화하는 시기예요. 모든 게 오락가락할 수밖에 없죠. 같은 나이라고 해서 똑같은 변화를 겪는 것도 아닙니다. 내 키는 그대로인데 같은 반 친구는 1년 만에 키가 20센티미터나 훌쩍 커버리기도 하잖아요. 이렇게 또래 간에 다른 경험을 하죠.

마찬가지로 감정도 제각각이랍니다. 똑같은 상황에서도 어제는 괜찮았는데 오늘은 화나고, 슬프고, 힘들고, 속상하고, 짜증 나고, 버겁고, 외롭지요. 여러분이 느끼는 기분이 매일매일 변하고, 남들과 다르다고 해서 너무 불안해하지 말아요. 모두가 다르기에 거기서 나만의 색깔을 찾아가는 거니까요.

이 책을 여기까지 봤다는 건, 이미 여러분이 자신의 마음을 외면하지 않고, 궁금해하고 있다는 뜻이랍니다. 그것만으로도 충분히 잘하고 있다고 응원하고 싶어요. 마음을 들여다보고 이해하는 것이 당장 삶을 사는 데 어떤 도움이

마음은
죄가 없어요

되냐고 되물을 수 있습니다. 비효율적이라고 느낄 수도 있 겠죠. 하지만 십대를 우울증과 섭식장애를 겪으며 보낸 사 람으로서, 심리학을 공부하고 '마음이 내 마음대로 되지 않 는' 사람들을 만나 온 사람으로서 마음만큼 중요한 게 또 있 을까 싶습니다. 그러니 친한 친구에게 질투가 난다고 해서 자책하지 말고, 무리에서 소외감을 느낀다고 해서 스스로 나약하다고 판단하지 말아요. 여러분이 느끼는 감정을 먼 저 잘 봐주세요. 마음에는 다 이유가 있답니다.

어디서부터 어떻게 해나가야 할지 막막하거나, 혼자서 는 자꾸 구렁텅이에 빠지는 기분이 든다면 주저하지 말고 도움을 청하세요. 도움은 친구에게, 선배에게, 부모님에게 받을 수도 있고, 저 같은 상담 선생님을 만날 수도 있습니 다. SOS를 외칠 누군가를 만날 수 있는 다양한 경로는 부록 '청소년 심리상담 가이드'에서 자세히 안내할게요.

'내 마음은 아무도 몰라!'라는 생각만은 멈춥시다. 여

마치며

러분과 완전히 같은 경험을 하진 못했더라도 비슷한 고민을 하면서 시행착오를 경험한 사람들이 주변에 있을 거니까요. 적어도 여기 한 명은 있답니다.

마음은
죄가 없어요

청소년 심리상담 가이드

아직 상담받기를 망설이고 있나요? 심리상담이라는 게 도대체 뭘 하는 건지 감이 오지 않거나, 상담을 받는다고 하면 주위에서 '이상한 애'라고 수군거릴까 봐 주저할 수도 있어요. 상담은 무작정 이야기만 들어 주거나 독심술처럼 얼굴만 보고도 내 마음을 알아채서 문제를 해결해 주는 것이 아니랍니다. 간단히 말해 상담이란, 내 마음을 나보다 더 궁금해하고, 문제가 있다면 해결하기 위해 같이 노력해 주는 조력자를 만나는 일이에요. 고민이 완전히 풀리지 않아도 나만큼 애써 주는 사람이 있다는 것만으로 든든해지지 않나요? 여러분을 기다리는 다양한 상담 기관을 소개합니다. 조금만 용기를 내서 문을 두드려 봅시다.

교내 상담

Wee 클래스

교육부에서 학생들을 지원하기 위해 만든 '위(Wee) 프로젝트' 중 하나입니다. 전국 초·중·고등학교에 다니는 학생이라면 누구나 교내 Wee 클래스 상담실에서 무료로 상담을 받을 수 있답니다. "우리 학교에는 그런 곳 없는데요?"라고 할 수도 있겠죠. 그런 경우에는 살고 있는 지역의 교육지원청에서 운영하는 Wee 센터에서 상담을 받을 수 있어요.

상담 신청은 학생이나 학부모가 직접 하거나, 담임선생님을 통해서도 가능합니다. 학교가 열려 있는 시간(쉬는 시간, 점심시간, 방과 후)이라면 언제든지 방문할 수 있어요. 주기적으로 상담을 받기로 했다면 상담 선생님과 약속한 시간에 가면 되고요, 긴급하게 상담을 받고 싶을 때는 담임선생님과 면담 후 수업시간에도 상담을 받을 수 있답니다.

상담 주제는 학교생활, 친구나 부모님과의 관계, 학업 및

청소년
심리상담 가이드

진로 등 여러분이 현재 고민하고 있는 어떤 것이든 상관없어요. 첫 상담인 1회기에서 상담 선생님과 앞으로 어떤 이야기를 나눌지 미리 정한 후에 매주 약 50분에서 한 시간씩 자세히 고민을 나누면 됩니다. 보통 10회기 정도 상담을 진행해요. 필요에 따라 회기를 연장할 수도 있고, 상의 후 그대로 상담을 끝낼 수도 있습니다.

부록

공공기관 상담

Wee 센터

Wee 클래스와 마찬가지로 학교에 소속된 학생이라면 무료로 이용할 수 있습니다. Wee 센터는 학교 안에서 상담을 받기 어려운 학생이 스스로 신청해도 돼요. 때에 따라 심층적인 상담이나 지원이 필요할 때는 Wee 클래스에서 의뢰해 상담을 진행하기도 합니다. 개인 상담뿐 아니라 여러 사람이 함께하는 집단 상담, 심층 심리검사 외에도 전문 치료를 지원하는 등 다양한 프로그램을 운영하고 있답니다. Wee 센터에서 상담을 받거나 프로그램에 참여하는 경우, 담임선생님과 학교에 알려 사전에 동의를 얻는다면 출석으로 인정받을 수 있어요.

1388 청소년사이버상담센터, 청소년상담복지센터

여성가족부에 속한 한국청소년상담복지개발원에서 운영하는 기관이에요. 만 9세에서 24세까지 청소년이나 청소

청소년
심리상담 가이드

년 자녀의 양육 문제로 고민하는 학부모라면 누구나 이용할 수 있어요. 학업, 대인 관계, 폭력, 성 문제, 가출 등 청소년 시기에 겪는 다양한 주제로 상담이 가능합니다.

1388 청소년사이버상담센터는 온라인 상담으로, 365일 24시간 운영된답니다. 상담 신청 후 상담을 받을 때까지 대기가 있을 수 있고 운영 시간이 정해져 있는 대면 상담과는 달리, 시급한 문제가 있을 때 바로 고민을 나눌 수 있다는 게 가장 큰 장점입니다. 상담은 전화, 문자, 채팅, 게시판, 댓글 등 여러 가지 방법으로 진행할 수 있어요. 아직 직접 이야기하는 것이 두렵다면 채팅이나 메신저로 상담을 받아 보길 추천합니다.

청소년상담복지센터는 해당 지역의 센터를 방문하면 되는데요. 사이버상담센터를 통해 온라인으로 상담을 하다가 대면 상담을 받고 싶다면 잇따라 진행할 수도 있습니다. 참고로, 대면 상담은 1회 5,000원의 요금을 받고 있어요. 상담 외에도 학교폭력 예방 및 갈등조정센터, 청소년 동아리 연합캠프, 청소년 또래상담 지원단 등의 다양한 프로그

램을 운영하고 있으니 관심이 있다면 적극적으로 참여해

보세요.

사설기관 상담

사설 상담센터

여러분이 거리에서 흔히 보는 '○○○ 심리상담센터'들은 대부분 사설 심리상담센터예요. 센터의 홈페이지나 SNS 를 보고 나와 잘 맞을 거 같은 선생님을 선택해 상담받 을 수 있다는 장점이 있어요. 하지만 상담 비용이 1회당 6~15만 원 정도라서 청소년 혼자서 부담하기에는 무리가 있지요.

매년 나라에서는 관할 지역에 따라 아동·청소년의 심리상담 을 지원하는 사업을 운영하고 있습니다. 만 18세 이하의 청 소년이라면 소득 기준에 따라 상담비의 70~90퍼센트를 지 원받을 수 있어요. 주민등록지의 주민센터에 필요한 서류를 챙겨 가서 신청하면 된답니다.

정신건강의학과

일상생활을 지속하기 어려울 정도로 무기력하거나 긴장

감을 느낄 수 있어요. 스스로 조절할 수 없을 만큼 우울, 불안, 공황, 수면장애 등의 증상이 나타나기도 합니다. 이럴 때는 병원에 가는 것을 권해요. 정신건강의학과에 가서 진료를 받고, 심리검사를 진행한 후 필요하다면 약물치료를 받아야 합니다. 간혹 청소년 때부터 정신과 약을 먹으면 내성이 생긴다거나 성장에 문제를 줄 수 있다고 해서 걱정하는 분들이 있어요. 의사 선생님이 성인과 청소년에게 약의 종류나 용량을 구분해 처방하고 있으니 염려하지 않아도 된답니다.

진단을 받을 정도로 심리적 증상이 심한 경우에는, 단순히 시간이 지난다고 좋아지지 않아요. 오히려 초기에 치료를 받았다면 금방 나아졌을 병이 더 심각해질 수도 있지요. 특히 우울증이 심하면 자살시도로 이어지기도 하므로 절대 참거나 내버려 두지 말고 적극적으로 도움을 받아야 해요.

청소년
심리상담 가이드

1장 내가 나인 게 싫어서

자존감 높이려면 일단 굶어야지

Sarfan, L. D., Clerkin, E. M., Teachman, B. A., & Smith, A. R. Do thoughts about dieting matter? Testing the relationship between thoughts about dieting, body shape concerns, and state self-esteem. *Journal of behavior therapy and experimental psychiatry*, 2019, 62 7–14.

나 빼고 친구들은 다 날씬해

Hogue J. V. & Mills J. S. The effects of active social media engagement with peers on body image in young women. *Body Image*. 2019, 28 1-5.

발표 생각만 해도 수치스러워

Somerville, L. H., Jones, R. M., Ruberry, E. J., Dyke, J. P., Glover, G., & Casey, B. J. The medial prefrontal cortex and the emergence of self-conscious emotion in adolescence. *Psychological science*, 2013. 24(8) 1554–1562.

사람들이 나만 보는 거 같아

Gilovich, T., Medvec, V. H., & Savitsky, K. The spotlight effect in social judgment: An egocentric bias in estimates of the salience of one's own actions and appearance. *Journal of Personality and Social Psychology*, 2000. 78(2) 211–222.

걔는 왜 내 뒷담화를 할까?

한영경, 김은정 "초기청소년기 관계적 공격성 하위유형의 특성 탐색: 사회평가불안과 인정에 대한 과도한 요망을 중심으로", Korean Journal of Clinical Psychology, 2011, 30(4) 985-1002.

담배는 친구 따라 피운 건데

Clark, A. & Lohéac, Y. "It Wasn't Me, It Was Them!" Social Influence in Risky Behaviour by Adolescents. *Royal Economic Society, Royal Economic Society Annual Conference 2003.*

SNS 빼고는 다 노잼이야

한다정, 김빛나. 청소년의 부모 및 또래애착과 SNS 중독경향성의 관계: 소외에 대한 두려움(FoMO)의 매개효과. 한국심리학회지: 학교, 2020, 17(3) 243-261.

잔소리 들으면 아무것도 하기 싫어져

백지은, 이승연. 부모의 심리적 통제와 중학생 자녀의 학업지연행동의 관계에서 사회부과적 완벽주의와 실패공포의 매개효과. 한국심리학회지:학교, 2016, 13(1) 99-122.

말해 봐야 어차피 비난만 하겠지

Weinstein, N.,Huo, A. & Itzchakov, G. Parental listening when adolescents self-disclose: A preregistered experimental study. *Journal of experimental child psychology*, 2021, 209, 105-178.

엄마 때문에 커닝한 건데

윤성연, 정경미. 대학생 자녀가 지각한 부모의 과보호 양육수준과 자녀의 도덕성 간 관계. 한국심리학회지: 문화 및 사회문제, 2014, 20(4) 307-328.

4장 이번 생은 망했으니까

공부 못하면 인생 끝이랬어

구재선, 서은국. 행복은 4년 후 학업성취를 예측한다. 한국심리학회지: 사회및성격, 2012, 26(2) 35-50.

폭식하면 기분이 좋아지거든

van Strien, T., Cebolla, A., Etchemendy, E., Gutiérrez-Maldonado, J., Ferrer-García, M., Botella, C., & Baños, R. Emotional eating and food intake after sadness and joy. *Appetite*, 2013, 66 20–25.

Gearhardt, A. N., Yokum, S., Orr, P. T., Stice, E., Corbin, W. R., & Brownell, K. D. Neural correlates of food addiction. *Archives of general psychiatry*, 2011, 68(8) 808–816.

죽으려고 자해한 건 아니야

이서정, 현명호. 부정정서 상황에서 자살의도 없는 자해시도자의 억제조절 결함. 한국심리학회지: 건강, 2020, 25(1) 243-258.

박세훈, 유금란. 텍스트 마이닝을 활용한 자해 및 자살 관련 인스타그램 게시물 분석. 한국심리학회지: 상담 및 심리치료, 2021, 33(3) 1429-1455.

다른 포스트

뉴스레터 구독

마음도 리셋이 되나요?

기분은 엉망 인생은 망함,
대책 없는 십대를 위한 고민상담소

초판 1쇄 2023년 4월 3일
초판 2쇄 2023년 12월 4일

지은이 박승준

펴낸이 김한청
기획편집 원경은 차언조 양희우 유자영
마케팅 현승원
디자인 이성아 박다애
운영 설채린

펴낸곳 도서출판 다른
출판등록 2004년 9월 2일 제2013-000194호
주소 서울시 마포구 동교로 27길 3-10 희경빌딩 4층
전화 02-3143-6478 팩스 02-3143-6479 이메일 khc15968@hanmail.net
블로그 blog.naver.com/darun_pub 인스타그램 @darunpublishers

ISBN 979-11-5633-533-7 (43180)

다른 생각이
다른 세상을 만듭니다